W9-CRH-806

Sexo Tántrico

Marina del Carmen

© De esta edición:
2007, Santillana USA Publishing Company, Inc.
2105 N.W. 86th Avenue
Doral, FL, 33122
Teléfono: 305-591-9522
www.alfaguara.net

ISBN 10: 1-59820-971-X

ISBN 13: 978-1-59820-971-6

© 2007, Editorial LIBSA
C/ San Rafael, 4
280108 Alcobendas. Madrid
Tel. (34) 91 657 25 80
Fax (34) 91 657 25 83
e-mail: libsa@libsa.es
www.libsa.es

ISBN: 978-84-662-1060-7

Colaboración en textos: Marina del Carmen
Edición: Equipo editorial LIBSA
Diseño de cubierta: Equipo de diseño LIBSA
Maquetación: Ana Ordóñez y equipo de diseño LIBSA
Fotografías y documentación gráfica: Antonio Beas y archivo LIBSA
Modelos: Charo Calvo, Koya Manzano
Portada: Charo Calvo, Miguel Bustamante
Yoga: Escuela de yoga SHAKYAMUNI, Octavio Delgado,
Sandra Beas, Eduardo González Montero
Complementos: «Mundo Fantástico»

CONTENIDO

CAPÍTULO 1 ¿Qué es el Tantra? 4

CAPÍTULO 2 Kundalini, la energía psicosexual sagrada 18

CAPÍTULO 3 Pranayama: el poder de la respiración 30

CAPÍTULO 4 Meditación tántrica, vivir el momento presente 40

CAPÍTULO 5 El templo del amor 52

CAPÍTULO 6 La veneración del cuerpo 58

CAPÍTULO 7 La pareja en armonía 70

CAPÍTULO 8 La magia del masaje tántrico 82

CAPÍTULO 9 Danza y yoga para liberar la energía 92

CAPÍTULO 10 Los secretos del sexo tántrico 104

CAPÍTULO 11 Las posturas tántricas del amor 130

CAPÍTULO 12 Maithuna, el acto sexual mágico 144

CAPÍTULO 13 Fin de semana tántrico: la vuelta de la pasión 152

¿Qué es el
TANTRA?

RESULTA CASI IMPOSIBLE DEFINIR QUÉ ES EL TANTRA, pues no se trata de un sistema filosófico o de una religión o de, como injustamente muchos la han calificado, de una simple técnica sexual, aunque muy elaborada, para lograr un inmenso y prolongado orgasmo. La aproximación más certera al Tantra sería la de una ciencia mística a través de la cual interconectamos la sabiduría que hay en nuestro interior con el Universo donde estamos inmersos, siempre teniendo como referencia principal la búsqueda y disfrute del éxtasis. Se trata, por tanto, de aunar sensibilidad, arte, sexualidad, creatividad, espiritualidad y placer, utilizando para ello todos los sentidos y una activa y consciente meditación interior para introducirnos en el *momento presente*.

En el Tantra, el cuerpo y la mente de dos personas se comunican con total plenitud.

A través del placer, dos cuerpos y dos mentes conectan con la energía cósmica y se convierten en uno solo.

res no sólo alcanzan el éxtasis orgásmico y biológico sino que logran abrir la puerta sagrada que les conduce a niveles profundos de comprensión de las fuerzas naturales. En definitiva, para el Tantra el acto sexual supone la representación, a pequeñísima escala, de la ley de atracción del Universo, de la creación que surge al unirse dos polos opuestos. El sexo alcanza en el Tantra su connotación divina al transportarnos a la gloria y unirnos al Cosmos.

LOS ORÍGENES DEL TANTRA

Etimológicamente, el término sáncristo Tantra significa «tejido para la expansión de la conciencia»; es decir, un camino o herramienta espiritual, que tiene su origen en el propio cuerpo, con el que se busca la transformación del ser humano, librándole de ataduras tanto psíquicas como emocionales y conduciéndole hacia la liberación

La forma más sencilla de definir la sexualidad tántrica sería la de una perfecta y maravillosa conjunción entre meditación y sexo. Dos cosas tan aparentemente dispares y opuestas, que unidas forman una sola y nos transportan, por medio de un soplo mágico, a una cuarta dimensión, un *fascinante momento presente* en el que la energía esencial del Universo palpita en nuestro interior.

En el Tantra, el sexo supone la conexión, a través del placer, entre dos seres humanos que buscan y ansían ser uno solo. Por medio del acto sexual, esos dos se-

El origen del Tantra como camino espiritual se remonta a muchos siglos atrás, alrededor de 5.000 años, en el valle del Indo (India), aunque no de forma escrita, y era practicado por los habitantes originarios de esta zona, los *dravídicos*, quienes consideraban que la hembra de todas las especies era biológica y espiritualmente superior que el macho. De ahí el culto a la diosa Shakti, esposa del dios Shiva.

Al principio, las enseñanzas tántricas se transmitían tan sólo de forma oral, pero más tarde aparecieron en

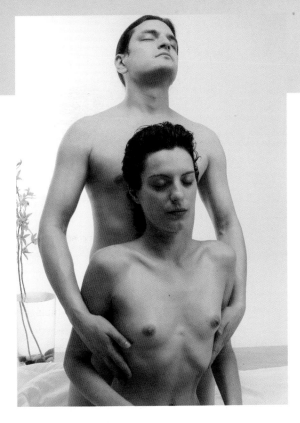

Los tratados tántricos también describen hasta 112 métodos de meditación.

principio femenino, Shakti, asume paso a paso diversas funciones, pasando de amante a *Gran Madre* o, también, a Kali (quien destruye todo para volverlo a construir).

En cuanto al segundo texto, el *Kularnava Tantra*, a través de sus páginas se reivindica el uso durante el ritual sexual o *maithuna* de las *cinco emes*, llamadas así por sus iniciales en sánscrito: el vino o *madya*, la carne o *mamsa*, el pescado o *matsya*, el pan o *mudra* y el acto sexual o *maithuna*.

FUNDAMENTOS DEL TANTRA: *SHAKTI* (ENERGÍA FEMENINA) Y *SHIVA* (ENERGÍA MASCULINA)

En el Tantra no hay división entre lo espiritual y lo material, puesto que para esta corriente holística no es

textos escritos, manuscritos tantras, estando fechado el más antiguo en el siglo VI a. C. Los tantras, en cuanto textos sagrados, son transmitidos por el dios Shiva como escrituras específicas del *Kali Yuga* (cuarta edad del mundo o época actual) y resumen las conversaciones entre el dios Shiva y su esposa, la diosa Shakti.

El Tantra se desarrolló primero en la India y de allí pasó a China y al Tíbet. Aunque hay varias líneas de Tantra, las dos fundamentales son la del sendero a la derecha, de concepción budista, que se caracteriza por una relación sexual imaginaria enfatizada a través de la meditación, y la del sendero a la izquierda, de concepción hindú, en la que se practica el acto sexual junto con las demás prácticas energéticas.

El *Vigyan Bhairava Tantra* y *Kularnava Tantra* son los dos textos tántricos más importantes. El primero es un tratado en el que se describen 112 métodos de meditación. En este texto, a medida que el dios Shiva va dando instrucciones a su esposa, Devi, se observa cómo el

La armonía de la naturaleza es uno de los principios básicos del Tantra.

posible ningún tipo de división. Todo es lo mismo, todo es uno con el Cosmos. De la unidad original, la energía pura se transforma en dos polaridades o dualidades: *Shiva*, energía o principio masculino, y *Shakti*, energía o principio femenino, y de estos dos opuestos, cuando se complementan, surge la luz. Este principio femenino-masculino se encuentra en equilibrio permanente en todo el Cosmos: mujer-hombre, Luna-Sol, frío-calor, invierno-verano..., es el yin y el yang de todas las filosofías y doctrinas orientales.

Basándose en el principio de las polaridades, la base esencial del Tantra es que la energía masculina y la femenina son fuerzas idénticas y opuestas a la vez. Esto hace que se atraigan y se complementen entre sí al igual que pasa con el yin y el yang, en lo que lo dinámico se contrapone a lo receptivo y lo positivo a lo negativo, lo que significa que cuando los hombres y las mujeres se unen en el coito, las bioenergías de los cuerpos crean una experiencia sexual estática a través de la acción recíproca de las polaridades opuestas.

El «Poder de la Diosa»: la mujer como fundamento de la naturaleza e iniciadora del amor.

En los antiguos textos tántricos indios, las deidades supremas reciben el nombre de Shiva y Shakti. Cuando Shiva, el principio masculino, y su amada consorte Shakti se enlazan en unión sexual, alcanzan un estado estático y dichoso de conciencia cósmica. En ese punto, no existe división entre el dios y la diosa y toda dualidad sexual se diluye. Sin embargo, cuando Shakti se separa de su señor Shiva comienza a crear el universo, pues la energía de Shakti es la fuerza fundamental de la naturaleza, el principio activo y el motor cinético de la energía cósmica.

Para la tradición tántrica, la mujer es la *iniciadora del amor*, la portadora de vida desde su *yoni* (órgano sexual femenino) hasta el último rincón de su cuerpo. Por esta razón, en el Tantra se venera la energía femenina como *catalizadora* de la transformación sexual y espiritual, pues la mujer es la encarnación de Shakti (energía femenina) y, a través de ella, el discípulo tántrico masculino puede superar su condición humana común y alcanzar el éxtasis sexual y la comprensión espiritual. Por eso, en el Tantra se enseña al hombre a venerar la sexualidad de la mujer y a rendirse ante su poder ilimitado, pues ella es, sin duda, la *gran iniciadora*, quien puede acercar al hombre a una sexualidad mística y mágica, ya que en su inconsciente están todos los secretos de la sexualidad, que le han sido transmitidos, generación tras generación, por otras mujeres.

En el Tantra, el *yoni* de la mujer se venera en un doble aspecto: como creador de vida y como dador de placer sexual. La mujer tántrica es al mismo tiempo erotismo sexual y místico, goce para el cuerpo y para el espíritu. Es siempre la diosa luminosa que llena de luz todo aquello que está vivo, desvelando los misterios de la vida, del amor y del sexo. Todas las enseñanzas tántricas están impregnadas de esa mágica y vital energía femenina y, por

Algunos elementos ayudan a la liberación de la energía cósmica.

tanto, el conocedor del Tantra debe rendir culto al poder femenino, tal como se indica en las revelaciones de los textos sagrados; es decir, reverenciando a la mujer como madre, esposa, hermana e hija y, también, a todas y cada una de las mujeres que haya en su vida.

LA ENERGÍA SEXUAL TÁNTRICA

Para el Tantra todo es energía a diferentes niveles; es decir, todo en la vida es energía bajo diferentes aspectos y en diferentes momentos y épocas, y uno de esos aspectos, concretamente el sexo, tiene una enorme importancia en nuestra vida ya que, usado sabiamente, al igual que la energía de la alimentación o de la diversión, puede llegar a convertirse en un maravilloso medio de purificación e iluminación, de descubrimiento y de éxtasis.

Según nos describe Osho, maestro espiritual tántrico, en *El libro de los secretos*: «En esencia, el cuerpo del hombre y el de la mujer son iguales; sin embargo, difieren entre sí en muchos aspectos. Y, si nos fijamos bien, vemos que las diferencias tienen el carácter de complementarias. En efecto, todo lo que sea positivo en el cuerpo masculino será negativo en el cuerpo femenino; y lo contrario, todo lo que sea positivo en el cuerpo de la mujer será negativo en el cuerpo del hombre. Así que cuando ellos se funden en un profundo orgasmo, se convierten en un solo organismo. Es el supremo momento en que lo positivo se encuentra con lo negativo y lo negativo con lo positivo, formando una sola unidad, un solo circuito de electricidad. De ahí que el sexo atraiga tanto, que fascine tanto. Y esta atracción no sólo se debe a que el hombre siente deseos sexuales, más o menos morales, ni a ningún tipo de conducta licenciosa. Tiene una raíz mucho más profunda, eminentemente cósmica. Esta fascinación se produce porque el hombre y la mujer forman cada uno por su parte la mitad de un circuito y este mundo tiene la indefectible tendencia de completar lo que está incompleto.

Cuando el cuerpo del hombre y de la mujer se funden en un profundo orgasmo se convierten en uno solo.

Con el sexo se cumple una de las leyes fundamentales del Cosmos: la natural predisposición a culminar las cosas. La naturaleza abomina de todo lo que está incompleto. Por eso, al estar el hombre y la mujer incompletos, hay un irreprimible acercamiento entre ellos para buscar ese único momento sublime en el que se alcanza la culminación, ese instante en que se juntan momentáneamente sus medios circuitos eléctricos para formar uno solo e indivisible. A través del Amor formamos una unidad con otra persona y a su vez con el Cosmos».

FUNDAMENTOS SEXUALES TÁNTRICOS

Durante siglos, los maestros tántricos han investigado y puesto a prueba la energía sexual en un ritual lla-

Sentir la piel de nuestro amante es el primer paso para acercarnos a su consciencia y disfrutar de una sesión tántrica. Estrecharle más tiernamente entre nuestros brazos. Y finalmente disfrutar del abrazo cada vez más íntimo.

mado *Maithuna*. Como consecuencia de estos estudios, el Tantra, de forma diferente a la educación sexual occidental, muy represiva, no considera el sexo como algo pecaminoso ni, por supuesto, condena su práctica. Por el contrario, pretende que la mujer y el hombre se sientan en armonía con esta función de la energía y que lo tomen como un arte o una ciencia que les va a permitir acceder a niveles mucho más profundos de consciencia.

El Tantra trata de que las dos polaridades, masculina y femenina, compartan su energía sin que la mente interfiera en ello, de modo que la energía Kundalini (sagrada y portadora de vida) fluya libremente sin ningún tipo de culpa o sentimiento de pecado.

Para el Tantra, en un principio, fuimos un andrógino; es decir, un solo ser mitad mujer y mitad hombre, y el sexo, a través del juego de la separación y el reencuentro, fue lo que provocó que volviéramos a ser, por momentos, uno solo, en un estado de consciencia de unidad con el Todo, con el Universo.

La energía sexual, unida a la respiración consciente y a la meditación, es una fuente inagotable de placer, de vida, de transformación. Es una obra de arte en donde, al mismo tiempo, somos artista y obra. Para el Tantra, el sexo no es una mera descarga genital de fluidos sino un profundo intercambio de energías masculina y femenina en busca de nuestro más profundo Yo interno.

Con la práctica del sexo pueden suceder tres cosas:

- Generación o nacimiento de un nuevo ser.
- Degeneración, si la energía sexual toma un camino equivocado y antinatural.
- Regeneración, cuando a través de la práctica del Tantra llegamos a un nuevo nacimiento o *dwij*, sintonizando, día a día, con nuestra sabiduría interna, aprendiendo a dar un nuevo enfoque a la vida por medio de la comprensión de sus misterios y haciendo del acto sexual un arte como la propia vida.

Cuando abrazamos el Tantra, nos volvemos más completos y más reales, pues descubrimos partes de nuestra sensualidad que estaban dormidas o reprimidas y,

El intercambio de la energía del amor es una forma de activar los chakras y elevar la energía sagrada.

La mujer tiene el polo positivo en los senos y en el corazón, y el negativo en los genitales.

además, aprendemos a usar, guardar y emplear esa energía sexual para nuestra propia evolución.

En definitiva, para el Tantra el acto sexual o *Maithuna* es una forma divina de intercambiar la energía del amor y, de esta forma, activar los chakras y elevar la energía sagrada Kundalini. Cuando utilizamos el sexo para eliminar tensiones, sentimos alivio y relajación, pero también vacío. Sin embargo, cuando practicamos el sexo de forma relajada, consciente y atenta, sin que haya un motivo o una meta y en el que tan sólo se viva el momento presente en una perfecta y armoniosa unión, tal como nos enseña el Tantra, convirtiéndole en un arte, nos transportamos a un momento único, sagrado y eterno.

EL CAMINO SEXUAL TÁNTRICO

El *viaje sexual tántrico* comienza cuando nos ponemos en contacto y restablecemos nuestras consustaciales polaridades masculina y femenina. Esta presencia de polaridades o fuerzas opuestas en el hombre y la mujer son la base fundamental del Tantra y lo que hace que el *sexo tántrico* sea concebido de una forma radicalmente diferente al sexo convencional.

En el Tantra, el hombre puede explorar su lado femenino (suavidad, vulnerabilidad, receptividad) y permitirse estar relajado y sin tener que alcanzar ninguna meta en especial. De igual modo, la mujer también puede sacar a relucir su lado masculino y tomar la iniciativa en el sexo, conduciendo el acto sexual y proporcionando placer a su pareja. Ambos, hombre y mujer, pueden hacer que emerja, durante el acto sexual, su *otro lado*, sin que para nada pierdan masculinidad o femineidad.

Aunque la energía masculina representa la parte positiva y la femenina la parte negativa; ambas energías son componentes homólogos de un mismo fenómeno. Cada una de por sí es incompleta, por lo que sólo pueden existir a través de la conjunción de ambas. Sin embargo, cada polaridad, ya sea negativa o positiva, contiene en sí misma su propio polo opuesto y complementario.

El hombre, si bien es esencialmente positivo, también tiene un polo negativo interno (una mujer interior o lado femenino); mientras que la mujer, fundamentalmente negativa, contiene también un polo positivo interno (un hombre interior o lado masculino). Precisamente, esta dualidad es lo que hace que hombres y mujeres estén equilibrados.

De esta forma, cada miembro de la pareja es independiente del otro y cada uno de ellos tiene capacidad para bastarse a sí mismo. Esa capacidad da como resultado que tanto el hombre como la mujer tengan la facultad de crear energía y de hacer que circule en su interior.

El cuerpo masculino lleva el polo positivo en los genitales y el negativo en el pecho y en el corazón; mientras que la mujer tiene el polo positivo en los senos y el corazón, y el negativo en los genitales. Entre ambos polos, positivo y negativo, se forma un campo magnético, denominado *eje de magnetismo*, que hace que la energía sexual sea capaz de ponerse en movimiento y subir en espiral a través del cuerpo.

Cuando los dos *ejes de magnetismo* se aproximan entre sí se crea un potente campo magnético entre ambos cuerpos y, si se realiza una íntima y plena unión sexual, se produce un encuentro y atracción en sus polos opuestos, con lo que se completa y cierra un *circuito eléctrico*: la energía masculina fluye desde el pene hacia la vagina y luego hacia arriba hasta llegar al corazón de la mujer. La energía femenina responde por medio de los senos y se introduce en el corazón del hombre para fluir desde ahí hacia el centro sexual masculino.

Una vez completado el circuito, la electricidad pasa de un lado a otro del hombre a la mujer con fases activas y pasivas; es decir, el hombre convirtiéndose en mujer y la mujer convirtiéndose en hombre. Se genera una bioelectricidad divina, un fenómeno que el Tantra ha denominado Círculo de Luz. Este poderoso efecto de polaridad representa el máximo potencial del hombre

El cuerpo masculino tiene el polo positivo en los genitales y el negativo en el pecho y en el corazón.

y de la mujer juntos, una fuerza espiritual en virtud de la cual es posible penetrar en los misterios de la vida.

LOS «POLOS POSITIVOS DEL AMOR»

Y puesto que la energía fluye, al igual que la electricidad, del polo positivo al negativo, son los polos positivos tanto del hombre como de la mujer (el pene y los senos), que el Tantra denomina los «*polos positivos del amor*» los que tienen que estar bien despiertos a fin de iniciar el movimiento más profundo de la energía sexual, y para ello hay que tratarles con especial dedicación tanto en los preliminares como durante el coito si se quiere mejorar la energía sexual que se produce entre los amantes.

Entre el polo positivo y el negativo se forma un campo magnético que hace que la energía sexual suba en forma de espiral a través del cuerpo.

La energía sexual fluye en el cerebro y desciende hacia los genitales.

Partiendo de estos datos, para el Tantra, desde el punto de vista práctico, son mucho más importantes los senos de la mujer que su vagina, por lo que es totalmente contraproducente que nada más iniciado el coito y en cuanto el hombre tiene el pene en erección se pase inmediatamente a juntar la vagina y el pene sin tener en cuenta que lo más probable es que la mujer no esté todavía lo suficientemente despierta.

Erróneamente, estamos centrando la atención en los órganos del amor (pene y vagina) en lugar de centrarla en los polos positivos del amor (pene y senos), olvidándonos de que el órgano del amor no puede estar debidamente preparado hasta que no entra en escena el polo positivo del amor. Sin embargo, cuando antes de la penetración se concentra toda la atención y caricias en los senos, surge espontáneamente la disposición, tanto física como psicológica para el acto de la penetración. El hombre, en ese momento, sentirá que la mujer está con él y que ambos se mueven al unísono rítmicamente, consumándose una verdadera unión sexual.

FASES DE LA ENERGÍA SEXUAL

En los seres humanos la energía sexual, además de efectuar un movimiento circular a través de los canales internos del organismo, realiza dos fases perfectamente diferenciadas:

La primera fase, denominada fase biológica o reproductora, que representa el ímpetu inicial de la energía sexual, comienza en el cerebro y, tras ejecutar un recorrido circular, termina en los genitales.

La región hipotalámica-pituitaria y la glándula pineal, alojadas en el cerebro, segregan hormonas que controlan el sistema endocrino del organismo del que forman parte las glándulas genitales (ovarios y testículos). Dichas hormonas garantizan el buen funcionamiento

de los mecanismos sexuales y los preparan para que realicen adecuadamente el coito.

Por tanto, en esta primera fase la energía sexual comienza en el cerebro y desciende hasta los genitales, donde se libera la energía sexual, mediante el orgasmo o la eyaculación, que se ha creado durante el juego erótico.

En la segunda fase de la energía sexual, denominada fase espiritual o generativa de la energía sexual, es en la que incide el Tantra, y se trata de que la energía sexual no salga del cuerpo, sino que, por el contrario, sea retenida en su interior; es decir, que no se libere, como habitualmente se hace a través del orgasmo o la eyaculación, sino que permanezca en el cuerpo e inicie un nuevo recorrido circular ascendente hasta terminar en el cerebro, lugar donde se creó.

De esta forma, con el sexo que propugna el Tantra no nos limitamos únicamente a crear otras vidas, sino a crear más vida, ya que al permitir que la energía sexual se reabsorba y recicle, esta se convierte en una fantástica fuerza revitalizadora y energética.

REENCAUZAMIENTO DE LA ENERGÍA SEXUAL

Pero, ¿cómo se consigue esa fase ascendente? ¿cómo podemos reciclar la energía sexual? Sencillamente, aprendiendo a relajarse durante la copulación. Al relajarnos, en lugar de elevar nuestra energía sexual hasta

La primera fase de la energía sexual comienza en el cerebro, para ir descendiendo hasta los genitales. En el Tantra esa energía vuelve de nuevo al cerebro sin liberarse a través del orgasmo.

el clímax para luego liberarnos de ella, lo que hacemos es no desprendernos de ella y reencauzarla tranquilamente hacia nuestro interior, para que una vez dentro inicie su trayectoria ascendente. Como consecuencia, en lugar de un simple, aunque impactante, chispazo orgásmico, lo que experimentamos es una maravillosa corriente electromagnética, que fluye e inunda todo nuestro cuerpo, desde los genitales hasta el cerebro, invadiéndonos de placer, espiritualidad, amor y conexión con el Universo.

La sexualidad surge en nosotros desde muy pequeños, cuando somos bebés, y sentimos el contacto con nuestra madre o acariciamos nuestros genitales.

Para lograr esta maravillosa sexualidad es muy importante que el hombre no eyacule, ya que la energía que normalmente se libera hacia fuera en la eyaculación se transforma, al no eyacular, en el *ojas shakti* (óleo vital). Esta energía no baja nuevamente a la tierra sino que asciende por la columna astral, activando los sietre chacras de la conciencia y, a través de esta activación, la energía se eleva junto con la percepción de la luz interior como una puerta que se abre al infinito.

Con la práctica del sexo tántrico, aprendemos a no disipar nuestra energía vital y, como consecuencia, impedimos que nuestra mente, cuerpo y espíritu se vean perturbados, lo que ocurre cuando el sexo se circunscribe a sus funciones más básicas, como es la de reproducirnos y la búsqueda únicamente del placer del instante. Practicando el sexo tántrico aprendemos a liberarnos de nuestras limitaciones biológicas, retornamos a nuestra íntima naturaleza como hombres y mujeres y conseguimos que el lenguaje espiritual del amor esté presente en el acto físico del coito.

CANALIZACIÓN DE LA ENERGÍA SEXUAL

Desde el principio de los tiempos, el sexo no sólo ha estado presente en nuestra mente, como protagonista indiscutible de ensoñaciones y fantasías, hasta llegar a convertirse en ocasiones en un tema fascinante e, incluso, obsesivo, o en nuestro cuerpo, con la práctica de mil y un juegos eróticos, sino que básicamente forma parte de la propia química de los seres humanos, ya que cada uno de nosotros debemos nuestro nacimiento a un previo acto sexual en el que hubo una unión de células masculinas y femeninas. Por eso, no puede haber nadie a quien no le interese el sexo, aunque no hable de él o tampoco lo practique.

Nuestro primer encuentro con el sexo lo realizamos desde niños, cuando tan sólo somos unos bebés. Inocentemente y de manera natural acariciamos nuestros genitales y, también, nos deleitamos con el contacto con nuestra madre. Tras ese primer encuentro, ya no habrá marcha atrás y la sexualidad nos acompañará a lo largo de nuestra vida hasta la muerte.

Ya que el sexo es la fuerza misma de la vida, debemos tener también claro que no existe ningún modo de torpedear o controlar la energía sexual pues, aunque con nuestro pensamiento intentemos separar la energía sexual de las otras energías, lo cierto es que todas las energías son la misma cosa y forman una sola unidad. En resumen, la energía es sólo eso: energía. La capacidad dinámica o fuerza vital inherentes a la energía la hacen moverse y expresarse a través del sexo, el arte, el deporte, la supervivencia... De modo que, por mucho que lo intentásemos, nunca podríamos reprimir esta energía u olvidarnos de su existencia. Lo único que podemos hacer es aprender a canalizarla para nuestra mejor realización personal.

Principios tántricos

Aunque, a priori, el Tantra huye de todo tipo de normas, si queremos realizarnos como maravillosos amantes y hacer de nuestra vida y también del sexo un auténtico arte es conveniente que tengamos en cuenta una serie de pautas a modo de cuaderno de navegante. De modo que un amante tántrico tendría que intentar ser:

- *Sencillo y natural*, sin complicarse la vida y huyendo de falsos egos.

- *Espontáneo*, viviendo tal como siente, desde el corazón y no desde la mente.

- *Fluido*, adaptándose al natural movimiento de las cosas y no tratando de controlarlo todo.

- *Agradecido*, celebrando y disfrutando cada día y cada momento.

- *Libre*, siguiendo tan sólo los dictados de su corazón.

- *Energético*, activando continuamente la energía.

- *Meditativo*, practicando la meditación a diario, ya sea solo o en pareja.

- *Receptivo y permanentemente abierto al universo*, conectando su conciencia con la conciencia cósmica.

- *Equilibrado*, buscando el equilibrio entre lo que siente y lo que piensa.

- *Vital*, viviendo el presente y teniendo en cuenta que el pasado ya se ha ido y no se puede modificar y que el futuro es inalcanzable.

- *Creativo*, tanto en el amor como en el trabajo o cualquier otra de las manifestaciones de la energía vital.

- *Unitario*, viviendo el sexo como un fenómeno de unión con el Universo.

- *Comunicativo*, estableciendo con su pareja un diálogo más allá del puramente verbal y con todo su *ser interior*.

- *Generoso*, como un símbolo más de amor hacia los otros.

- *Compañero*, apoyando los actos de los demás y activando los proyectos comunes.

- *Sorprendente*, huyendo de la rutina.

- *Comprensivo*, viendo que hay otros puntos de vista igual o mejores que el suyo.

Kundalini,
LA ENERGÍA PSICOSEXUAL
SAGRADA

Los ejercicios de respiración y meditación despiertan la energía sexual.

Según la tradición oriental, todos los seres humanos poseemos una energía sagrada (denominada así al ser la que genera todo tipo de vida), llamada Kundalini, la *energía psicosexual*, que se encuentra alojada en el primer chakra, entre el ano y los genitales. Esta energía, que tiene forma de serpiente enroscada tres veces y media sobre sí misma, una vez que está activado el chakra, emerge subiendo por el canal central y eleva la energía y la conciencia de la persona a través de cada uno de los chakras que atraviesa.

Por medio de ejercicios de respiración, mantras, meditación, danzas, pensamientos, música y, por supuesto, el acto sexual, la energía sagrada Kundalini se despierta y asciende, activando progresivamente cada uno de los chakras y logrando que se despierten las cualidades y

Uno de los caminos para activar la kundalini es la respiración y la meditación.

Cuando la energía sexual asciende, se activan los chakras, logrando que se despierten las cualidades que están dormidas normalmente. La danza favorece la liberación de la kundalini.

talentos que normalmente están inactivos en el ser humano. Es decir, al activarse la Kundalini, el sexo, la autoestima, la consciencia, la creatividad y la espiritualidad se desarrollan plenamente.

La energía sagrada Kundalini puede estar en tres estados diferentes:

- *Dormida o latente*, suele ser el estado de aquellos individuos, de personalidad sumisa y poco creativos, que por lo general no despliegan mucha energía.
- *Sabia*, suele ser el estado de aquellos individuos que a menudo activan la energía a través de la excitación sexual y que logran recorrer algunos de los chakras pero sin llegar a lo más alto, tras lo cual vuelven a bajar. Y si además, el hombre que tiene actividad sexual, eyacula, su energía Kundalini volverá a dormirse, perdiendo el deseo, el magnetismo y la electricidad que proporciona esta energía.
- *Dragón de fuego viviente*, es el estado de aquellos individuos que han logrado subir la Kundalini a todos los chakras, despertando por completo su conciencia. Es decir, han alcanzado el *moksha* (liberación espiritual) y el *samadhi* (conciencia de la disolución en la totalidad).

CÓMO PODEMOS CONOCER, LIBERAR, ACTIVAR Y MANEJAR LA KUNDALINI

El primer paso para liberar la Kundalini es la purificación, pues sin ella es imposible que la energía despierte. Aunque son muchos los caminos que tenemos para la purificación, básicamente podemos englobarlos en:

- *Alimentación:* haciendo una comida inteligente, sana y natural. No es preciso hacer dieta, sino tan sólo aprender a comer únicamente lo que el cuerpo necesita.
- *Herramientas tántricas:* danza, respiración, meditación y visualización.
- *Mantras:* sonidos con poderes de vibración espiritual.

Una vez lograda la purificación, la energía Kundalini se despertará y comenzará a ascender, a través del conducto central (*Sushumna*), atravesando cada uno de los siete chakras. Este proceso de ascensión no es rápido y, por lo general, suele requerir un trabajo de varios años, que va a depender de cada persona en concreto y del trabajo que ella desarrolle sobre sí misma, pues un individuo con un trabajo energético constante logrará activar y encauzar su energía con más facilidad, que quien se limite a esperar la ayuda exterior.

Lo cierto es que, a medida que la Kundalini vaya penetrando por cada uno de los chakras, el individuo se sentirá mucho más inspirado, tanto mental como espiritualmente, y verá renovado y reforzado su vigor físico. De hecho, gran parte o todos los dolores y molestias pueden ser totalmente erradicados a medida que la energía logre purificar por completo a la persona, ya que según la tradición oriental todo dolor no es más que bloqueo de energía y, por tanto, eliminando el bloqueo, lograremos eliminar el dolor.

Durante el proceso de liberación y ascenso de la Kundalini, el ser humano puede llegar a sentir diferentes síntomas físicos, emocionales y espirituales tales como:

- Sacudidas y temblores involuntarios del cuerpo.
- Sangrado de la nariz.
- Ennegrecimiento de las uñas de los dedos gordos de los pies.
- Piel amarillenta.

Cuando la energía penetra en los pies, ésta procede de la tierra.

- Visión de luces y colores.
- Verse rejuvenecido unos días y, al cabo de otros, más viejo.
- Escalofríos o ráfagas de calor.
- Trastornos físicos sin una explicación a priori.
- Emociones intensas al bloquearse la zona del abdomen.
- Pérdida de memoria.
- Comportamiento excéntrico.
- Momentos de estupor o, por el contrario, de brillantez.
- Desorientación consigo mismo y con los demás.
- Signos de personalidad múltiple.
- Inestabilidad e inseguridad laboral.

Cuando se medita sentados, se recibe esencialmente la energía solar.

En cuanto a la toma y recarga de energía, la práctica tántrica permite la entrada de la energía en el ser humano, y posterior salida, a través de varias vías. Puede entrar por la parte más alta de la cabeza o, por el contrario, subir desde la planta de los pies. Si la energía entra por arriba; es decir, por el chakra de la coronilla o séptimo chakra, la energía procederá del Sol (*prana cósmico*). Si, por el contrario, se introduce a través de los pies, chupará la energía de la Tierra (*apana*), de ahí que resulte tan beneficioso caminar descalzo sobre el césped, la tierra o la orilla del mar.

Además de por la coronilla o los pies, también nos puede entrar la energía por el plexo solar y por las palmas de las manos, ya que todos los chakras reciben *energía pránica*.

Cuando se medita sentado, se recibe fundamentalmente energía solar, pues la espalda se encuentra paralela al eje de la tierra. Sin embargo, cuando se medita tumbado sobre el suelo la energía procede de la tierra.

Aunque todos los seres humanos absorbemos energía de forma natural y espontánea, sí podemos incrementar la cantidad diaria y, sobre todo, utilizarla de forma adecuada; es decir, de manera creativa. Si, por el contrario, hacemos un mal uso de esa energía con enojos o preocupaciones sin sentido, un mal uso del sexo, relaciones agobiantes, pensamientos negativos o miedos incontrolados, nos sentiremos cada vez más decaídos y sin vitalidad.

LOS «SIETE CUERPOS ENERGÉTICOS» DEL SER HUMANO

1.° Cuerpo Físico

Es el que maneja nuestros actos. Es el más denso de todos y el que es visible al ojo humano. Es una creación perfecta y su estado natural es la salud y la flexibilidad, aunque para muchas personas estas características únicamente están presentes cuando son niños, pues en la época de adultos las descuidan.

2.° Cuerpo Energético

Es el cuerpo que contiene los 72.000 conductos energéticos, llamados nadis o meridianos. De igual manera que la sangre fluye a través de las venas en el cuerpo físico, la energía recorre los meridianos del cuerpo energético. El cuerpo energético tiene como misión mantener al cuerpo físico con energía vital o prana, absorbiendo para ello la energía que le proporcionan el Sol y la Luna.

3.° Cuerpo Astral o Emocional

Dirigido por el sentimiento, en este cuerpo se encuentran los siete chakras, base de la psiquis, los cuales están conectados con las glándulas del sistema en-

La energía que proporciona el Sol y la Luna conecta con el cuerpo físico y reactiva la energía vital o prana.

A través de la meditación profunda el Tantra plantea el conocimiento interior.

A través de la meditación conectamos más profundamente con nuestro compañero.

docrino del cuerpo físico. Cada chakra tiene una función y genera un deseo básico particular: el deseo material, el sexual, el alimentario, el emocional, el creativo, el intelectual o intuitivo y el espiritual o deseo de unirse con lo divino. Cuando uno de estos deseos está en desarmonía o no se ve satisfecho, la energía se sobrecarga más en otro chakra y se produce el desequilibrio.

4.º Cuerpo Mental

Aquí están los pensamientos, las creencias, las ideas, las proyecciones, los recuerdos, el intelecto... Mientras que el cuerpo emocional está dirigido por el sentimiento,

La luna y el sol son dos elementos esenciales de transmisión de energía en el Tantra.

LOS CHAKRAS O RUEDAS DE ENERGÍA VITAL

La palabra chakra viene del sánscrito y significa rueda o disco. Descrito como un remolino que gira, un chakra es un punto de intersección entre varios planos. Aunque técnicamente cualquier punto de intersección podría ser considerado un chakra, tan sólo siete, los siete centros principales alineados a lo largo de la médula espinal o *sushumna*, los llamados chakras maestros, son los que tienen mayor importancia por su enorme influencia en nuestro estado físico, psíquico y espiritual.

Los chakras, también conocidos como lotos por la simbología de los pétalos que se abren simulando la apertura de los chakras, son centros de distribución de energía vital y, concretamente, los siete chakras maestros están situados en medio de lo que se conoce como cuerpo astral o emocional, que abarca desde la parte superior de la cabeza hasta la parte inferior del tronco, a través de los cuales fluye la energía vital. Cada chakra produce o envía energía a una parte determinada del cuerpo. La energía sagrada Kundalini fluye desde el chakra más bajo hacia el más alto y, en su fluir, estimula la espiritualidad, la conciencia y el conocimiento divino.

el cuerpo mental es manejado por el pensamiento. El problema surge cuando una persona siente una cosa y piensa otra distinta a ese sentimiento. Entonces, si pensamos de forma distinta a lo que sentimos, la acción se bloquea y no se realiza. Por tanto, el ser humano necesita sentir y pensar en armonía para poder actuar después con éxito.

5.º Cuerpo Espiritual

Es el plano de la percepción. Mediante prácticas tántricas, como por ejemplo la meditación profunda, el espíritu adquiere tal expresión que se manifiesta en el individuo proporcionándole nuevas formas de conocimiento interior.

6.º Cuerpo Cósmico

Es un plano más elevado que el espiritual, aunque en estado potencial. A través del cuerpo cósmico, los seres humanos podemos fusionarnos con la divinidad, pues al desaparecer el allí y el aquí, nuestra conciencia lo capta todo como uno.

7.º Cuerpo Nirvánico

Al llegar a este cuerpo, desaparece el Yo ordinario en la conciencia infinita y el alma se proyecta hacia la eternidad.

Los chakras pueden estar abiertos, cerrados o en cualquier estado intermedio. Tales estados pueden ser los aspectos básicos de una personalidad durante la mayor parte de la vida de una persona, o variar de unos momentos a otros en función de las situaciones.

Los chakras suelen representarse con una cantidad de pétalos, que corresponde al número de nadis o meridianos que emana de ellos. Cada pétalo representa una vibración sonora que se produce cuando la energía Kundalini atraviesa el chakra. Además, todos los chakras, excepto el *sahasrara* (situado en la coronilla), tienen su propio color, su elemento, su cristal y su *bija mantra*, y los siete se corresponden, en el cuerpo físico, con los plexos nerviosos situados a lo largo de la columna vertebral.

El primer chakra (*muladhara*), localizado en la base de la médula espinal o *sushumna*, entre los genitales y el ano, tiene cuatro pétalos y es el que se asocia con la supervivencia básica. Está abierto hacia abajo y representa la unión del hombre con la Tierra o con el mundo material y físico. Su elemento es la Tierra; su color, el rojo intenso; su mantra, Lam, y sus gemas, el granate, la turmalina negra y todas las piedras rojas. Cuanto más abierto y vitalizado está, más alta será nuestra energía física y tendremos mejor disposición para afrontar los retos de la vida. La finalidad de este chakra es conseguir prosperidad y abundancia, llevar una vida confortable y disfrutar de estabilidad económica.

Relacionado con los testículos u ovarios, cuando el primer chakra está desequilibrado puede producir hemorroides, ciática, estreñimiento, trastornos de próstata, problemas de huesos o mala circulación en las piernas. Este chakra tiene especial influencia en aquellos signos de personalidad terrestre: Tauro, Virgo y Capricornio, y cuando está equilibrado es sinónimo de una persona segura de sí misma y que domina sus deseos. Sin embargo, cuando está desequilibrado la persona se vuelve egocéntrica, depresiva, insegura, inestable y con una notable incapacidad para disfrutar de las cosas, ahorrar dinero o concretar cualquier actividad o asunto. Pero si funciona en exceso, el individuo tendrá miedo a cualquier tipo de cambio y estará obsesionado por todo lo material. Además, es probable que tenga exceso de peso, pues para calmar la ansiedad y tapar sus carencias echará mano de la comida de forma descontrolada.

El segundo chakra (*svadisthana*), situado en el bajo vientre, a unos 8 cm por debajo del ombligo, está abierto hacia delante y tiene seis pétalos. Se asocia con las emociones, la sensualidad y, sobre todo, la

Los chakras se representan con un número determinado de pétalos, que corresponden con el número de meridianos que emana de ellos.

El significado de chakra es rueda o disco, como un remolino que gira.

energía más importante, la sexualidad. Su elemento es el agua; su color, el naranja; su mantra, *Vam*, y sus gemas, el coral y las piedras de color naranja. La finalidad de este chakra es la conquista del placer y el sabio manejo de la energía sexual.

Relacionado con las glándulas suprarrenales, su desequilibrio provoca trastornos en los riñones, vejiga, próstata y órganos sexuales. Este chakra tiene especial influencia en aquellos signos de personalidad acuática: Cáncer, Escorpio y Piscis. Cuando está equilibrado es sinónimo de una persona resistente, confiada, paciente y sabia en el arte amatorio. Sin embargo, cuando está desequilibrado, se convierte en la sede de los miedos, fantasmas y fantasías negativas relacionadas con la sexualidad, ocasionando frigidez, impotencia, rechazo del placer y embotamiento en las relaciones. Pero si funciona en exceso, el individuo se vuelve adic-

to sexual y muy celoso, depende del otro y es incapaz para la autosatisfacción.

El tercer chakra (*manipura*), localizado en el plexo solar, justo en la boca del estómago, está abierto hacia delante y tiene diez pétalos. Se corresponde con el poder personal, la voluntad, la autoestima, la vitalidad y la energía metabólica. Es el chakra que representa la personalidad y en él están concentradas las cualidades de la mente racional y personal. Al ser el chakra que más representa nuestro ego, absorbe gran parte de la energía del primero y segundo chakras. Su elemento es el fuego; su color, amarillo dorado; su mantra, *Ram*, y sus gemas, el topacio, el ámbar y el citrino. La finalidad de este chakra es aportar vitalidad y voluntad inquebrantable, además de un fuerte poder interior y motivación para actuar.

Relacionado con el páncreas, su desequilibrio puede provocar hepatitis, úlcera de estómago, cálculos biliares e hinchazón en el vientre. Este chakra tiene especial influencia en aquellos signos de personalidad fogosa y enérgica: Aries, Leo y Sagitario. Cuando está equilibrado es sinónimo de determinación, acciones justas y poder personal. Sin embargo, cuando está desequilibrado se originan problemas de timidez, inseguridad, falta de energía, sumisión y obesidad, pues se come en exceso por ansiedad. Pero si funciona en exceso, el individuo se enoja con frecuencia, pretende dominar a los demás y actúa de manera precipitada.

El cuarto chakra (*anahata*), ubicado en la parte superior del pecho, en la zona del corazón, ligeramente a la izquierda, está abierto hacia delante y tiene doce pétalos. Se asocia con el amor en cualquiera de sus manifestaciones, mostrándose a través de los afectos, la ternura, la pasión amorosa, y la solidaridad. Represen-

El tercer chakra tiene diez pétalos de color amarillo
y representa la personalidad.

ta, por tanto, el amor incondicional, que nos permite amar entregándonos por completo y sin limitaciones. El cuarto chakra es también el chakra que sirve de puente de transferencia del flujo de energía entre los chakras inferiores y superiores. Su elemento es el aire; su color, el verde o rosa; su mantra, Yam, y sus gemas, el cuarzo verde, el cuarzo rosa y la esmeralda. La finalidad de este chakra es la búsqueda del equilibrio en las relaciones y vínculos con los demás y con uno mismo.

Relacionado con el timo, su desequilibrio puede provocar hipertensión arterial y problemas respiratorios y cardiacos. Este chakra tiene especial influencia en los signos de personalidad amorosa, sensible y solidaria: Géminis, Libra y Acuario. Cuando está equilibrado es sinónimo de persona compasiva y abierta a las emociones. Sin embargo, cuando está desequilibrado hace que la persona se sienta inestable y se cierre a las emociones, además de volverse triste, melancólico, pasivo, solitario y con baja autoestima. Pero si funciona en exceso, el individuo depende ex-

La apertura de los pétalos simboliza la apertura de los chakras, centros de distribución de energía vital.

cesivamente de los demás o, por el contrario, está muy desprendido.

El quinto chakra (*vishudda*), está situado en la garganta, próximo a la zona denominada «manzana o nuez de Adán». Abierto hacia delante, tiene dieciséis pétalos. Está relacionado con la capacidad de comunicación y expresión de la persona.

Su elemento es el éter; su color, azul lavanda; su mantra, Ham, y sus gemas, la turquesa y la aguamarina. La finalidad de este chakra es aprender a expresarse en armonía, desde el interior, con los demás. En este chakra, además de comunicarse con los otros, comienza la comunicación con uno mismo, con nuestro yo interno, y también con nuestra esencia superior.

El quinto chakra está representado por dieciséis pétalos de color lavanda y está relacionado con la capacidad de comunicación.

Relacionado con el tiroides, su desequilibrio puede provocar dolor de garganta, hipertiroidismo, torticolis, agarrotamiento muscular, problemas vocales e hipo.

Este chakra tiene especial influencia en los signos de personalidad móvil: Géminis, Aries y Leo. Cuando está equilibrado, es sinónimo de persona artística y creativa, y de gran espiritualidad. Sin embargo, cuando está desequilibrado el individuo se vuelve obsesivo, estancado y tiene la creatividad totalmente bloqueada. Pero si funciona en exceso, se padecerá de una verborragia incontenible y la persona hablará mucho pero diciendo muy poco.

En el Tantra la armonía creada en un ambiente es esencial para relajar la mente y el espíritu.

El sexto chakra está localizado en el centro de la frente y se representa con dos pétalos de color blanco.

El sexto chakra (*ajña*), denominado también el «tercer ojo», está localizado en el centro de la frente, concretamente en el entrecejo, justo encima del nivel de los ojos. Abierto hacia delante, tiene 2 pétalos y se asocia con la clarividencia, la intuición y el intelecto. Su elemento es el entendimiento; su color, blanco como la nieve; su mantra, Om, y sus gemas, el cuarzo blanco y el lapislázuli. La finalidad de este chakra es otorgar a la persona una visión clara de los acontecimientos, aprender a desarrollar la intuición y despertar el sexto sentido.

Relacionado con la glándula pituitaria, su desequilibrio puede provocar dolores de cabeza y pensamientos confusos. Este chakra tiene especial influencia en los signos de personalidad intuitiva e imaginativa. Cuando está equilibrado, el individuo tiene un intelecto despierto e, incluso, puede llegar a tener percepciones extrasensoriales. Sin embargo, cuando está desequilibrado, la persona se torna insensible, incapaz para desarrollar ideas nuevas, incrédulo, aislado y estancado. Pero si funciona en exceso, tendrá pesadillas, alucinaciones y fantasías paranoicas.

El séptimo chakra (*sahasrara*), ubicado en la parte más alta del cráneo, en la coronilla, es la flor de loto que hay en lo alto de la cabeza y que recibe la energía divina y el regalo de la vida: un sol espiritual que conecta al hombre con Dios. Vinculado con el conocimiento y la comprensión, cuando la energía Kundalini llega hasta este chakra, el individuo alcanza el estado de supraconciencia. Eslabón entre la mente espiritual y el cerebro físico, es sin duda el chakra más importante ya que relaciona a la persona con la realidad cósmica. Su elemento es la luz; su color, blanco, dorado o violeta; su mantra, ninguno, ya que no tiene por estar hecho de silencio puro, y sus gemas, la amatista, el diamante y el cuarzo blanco.

La flor de loto representa el séptimo chakra, situado en la parte más alta del cráneo. Su color es el blanco, dorado o violeta.

Relacionado con la glándula pineal, su desequilibrio puede provocar tumores y presión craneal. Este chakra tiene especial influencia en los signos de personalidad altamente espiritual. Cuando está equilibrado, la persona está inspirada e iluminada, tiene una conciencia cósmica y poder para ver siempre un nivel más alto de lo común. Sin embargo, cuando está desequilibrado el individuo se torna depresivo, psicótico, confuso, preocupado, poco abierto, rígido en sus creencias y muy lento mentalmente. Pero si funciona en exceso, la persona creerá saberlo todo y querrá tener siempre la razón. Además, se convertirá en un ser elitista y aislado.

INTERRELACIÓN DE LOS CHAKRAS Y EL INDIVIDUO

Cuando la energía se concentra en un determinado chakra, la persona se caracteriza por tener unas incli-

naciones en su conducta proclives a las cualidades que dicho chakra posee. De modo que si un individuo tiene concentrada su energía en el primer chakra, tenderá a ser material; si la tiene ubicada en el segundo chakra, lo verá todo desde una óptica sexual; si la tiene centrada en el tercer chakra, será la típica persona que nunca deja de pensar en la comida; si la tiene en el cuarto chakra, será un individuo amoroso, compasivo, dulce y que se ocupa de los demás; si la energía está en el quinto chakra, despuntará como creativo y artista; si radica en el sexto chakra, su nivel intelectual e intuitivo será muy alto y, por último, si está establecida en el séptimo chakra, sin duda la persona será un ser iluminado.

El poder de la

RESPIRACIÓN

En el Tantra el cuerpo físico y el espiritual se funden para formar una unidad.

EL «ALIENTO VITAL»

DURANTE LA PRÁCTICA DEL SEXO TÁNTRICO, dos polos opuestos de la persona, el espiritual y el físico, se unen para formar uno solo. Cuando esto sucede, surge un soplo mágico que transporta a los amantes a una cuarta dimensión donde, misteriosamente, se sienten envueltos en un fascinante y mágico *momento presente*, en el que la energía esencial del Universo palpita en su interior. Para conseguir esa unión consciente entre cuerpo y espíritu el Tantra emplea la respiración y la meditación. Por lo que respecta al primer elemento de ayuda, es decir, a la respiración, podemos considerarla como el puente que sirve de enlace entre la mente y el cuerpo y que nos va a allanar el camino hacia la interiorización del *momento presente*.

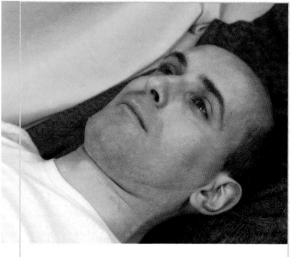

A través de una respiración sosegada y regular podemos encontrar la paz y el reposo para nuestro cuerpo y espíritu.

¿TORÁCICA O ABDOMINAL?

Lo primero que hacemos al nacer es respirar (respiración abdominal) y a lo largo de nuestra vida la respiración será vital, puesto que de ella no sólo dependerá nuestra vida sino también nuestro nivel de energía. Sin embargo, aunque la respiración es una función automática que hacemos cada segundo de nuestra vida, es bastante frecuente que no sepamos respirar de manera adecuada y utilicemos tan sólo una pequeña fracción de su gran potencial.

Con una respiración agitada, desigual y entrecortada (respiración torácica), todo el organismo bascula en medio de la ansiedad, mientras que si respiramos de forma sosegada, resuelta y regular, volverá la paz y el reposo a nuestro cuerpo y, también, a nuestro espíritu. Por eso, es muy importante dedicar al menos unos minutos al día a la práctica de la respiración, de manera consciente y profunda, inspirando (al inspirar, nos oxigenamos, vivificamos y nutrimos) y expirando (al expirar, nos purificamos), pues no solo mejorará nueva vida sexual sino que aportará armonía y equilibrio a nuestro cuerpo y a nuestras emociones, además de vitalidad y dinamismo.

Una respiración lenta y profunda hace trabajar al diafragma, un músculo en forma de cúpula que se encuentra entre el pecho y la cavidad abdominal, expandiendo y retrayendo al abdomen con el vaivén del aliento o soplo de aire que, de forma acompasada, llega hasta el fondo de nuestros pulmones, produciéndose el dominio y bloqueo de los efectos antioxigenantes del sistema nervioso simpático. La tensión de nuestro cuerpo se relaja un poco más en cada expiración, como si no esperara más que la abertura de esta vía para liberarse. Este tipo de respiración, denominada respiración abdominal, es una de las puertas de entrada a la meditación y a todos los estados transcendentales. Miedo, cólera y cualquier emoción negativa se desvanecen bajo la dulzura de este aliento, que muchos consideran *sagrado*.

Como bien dicen los tántricos, taoístas y yoguis, a la hora de poner en práctica la respiración abdominal lo más importante es hacerla y no el cómo. Por eso, no debe importarnos, al principio, si la hacemos bien o mal. La clave está en practicarla día a día, primero en solitario y, más tarde, también en pareja. Para ello, habrá que seguir los siguientes pasos:

1. Buscar un lugar tranquilo en el que nos podamos sentar cómodamente. Cerrar los ojos y concentrarnos en la respiración. Colocar la mano izquierda sobre el pecho y la derecha sobre el vientre, e inspirar y expirar lentamente.
2. Si estamos tranquilos y respiramos desde el vientre, notaremos cómo nuestra mano derecha va

subiendo y bajando lentamente. Por el contrario, si se mueve la izquierda, colocada sobre el pecho, es señal de que estamos respirando con el tórax y de que aún no hemos alcanzado una respiración profunda y relajada.

3. Para corregir este tipo de respiración y aliviar el nerviosismo o ansiedad, abriremos los ojos y miraremos fijamente hacia delante, mientras que inspiramos sólo por la nariz, sin hacer ruido, pues si se oye la respiración es señal de que la estamos forzando.

4. Por último, inspiraremos profunda y lentamente, conteniendo el aire antes de expirar, al tiempo que movemos suavemente los labios mientras pronunciamos una palabra relajante o *mantra*.

PRANAYAMA: EL «ALIENTO SAGRADO»

En «El secreto de la flor de oro», un antiguo texto taoísta, se dice que *el aliento está guiado por el pensamiento y el pensamiento está guiado por el aliento*, una frase que resume la enorme importancia que tiene en nuestra vida, para bien o para mal, la respiración o, mejor dicho, saber respirar adecuadamente. De manera que, aunque ese soplo o aliento no se trate nada más que de oxígeno en movimiento, el control de la respi-

La respiración abdominal o profunda nos ayuda a encontrar el equilibrio y la relajación.

ración es un apartado fundamental dentro de las filosofías taoístas y tántricas.

La respiración es el vehículo del *prana* (*ka* para los egipcios, *chi* para los chinos, *baraka* para los sufís, *wakan* para los sioux o espíritu santo para los cristianos), la esencia misma de la energía vital del Universo. Sin prana no hay vida, puesto que es el alma de toda fuerza y energía. De forma manifiesta o no, el prana se encuentra en todas las cosas; es decir, es el enlace entre el cuerpo físico y el etéreo, entre el yo y la existencia. En la respiración normal absorbemos ciertas cantidades de prana, pero cuando logramos por medio de la respiración consciente o yogui tántrico que ésta tenga un ritmo más profundo y armónico, el prana fluye libremente por nuestro interior, fomentando la vitalidad y conciencia de uno mismo y acelerando también la espiritualidad, ya que despierta la Kundalini dormida, que sube por los canales del cuerpo sutil.

Tal como dice un antiguo proverbio: «*aprender a respirar es aprender a vivir*». De ahí, su enorme importancia. La respiración consciente tántrica o Pranayama es

Debemos escoger el ambiente adecuado para ejercitar la respiración profunda y desarrollar una mayor conciencia de uno mismo.

una práctica fundamental en las disciplinas tántricas, tales como el yoga, la meditación y, por supuesto, el sexo, ya que al centrar nuestra atención en la respiración y dejar que se vaya haciendo cada vez más profunda y relajada, iniciamos un proceso de consciencia profundo que intensifica nuestros sentimientos y nos hace sentir mucho más vivos dentro de nuestro propio cuerpo, además de poder concentrarnos posteriormente mucho mejor en la relación amorosa. En definitiva, el Pranayama o respiración consciente tántrica es la llave que nos permite abrir los cierres de los chakras, activarlos y llenarlos de luz y poder.

La respiración consciente tántrica o Pranayama ha de realizarse en las siguientes condiciones para obtener los mejores resultados energéticos:

• Al amanecer o al atardecer.
• Con el estómago vacío.
• Limpios de impurezas después de una ducha previa.
• En un ambiente cómodo y relajado, proclive a la concentración. Se puede aromatizar la estancia con el uso de aceites aromáticos o incienso (sándalo o

cedro) que favorezcan la concentración y la elevación del espíritu durante la práctica del Pranayana.
• Sentados en el suelo (también se puede hacer sentándose en una silla y manteniendo los pies en el suelo), con las piernas cruzadas o dobladas, en posición de loto (Padmasana) o medio loto (Ardha Padmasana), y la columna vertebral erguida pero no rígida, manteniendo la cabeza recta, las manos en el regazo con las palmas hacia arriba y el pecho, diafragma y abdomen relajados.
• Al principio, se harán sesiones de quince minutos que, poco a poco, se irán aumentando, hasta llegar a un mínimo de 40 minutos.
• Después de cada sesión de Pranayama, se adoptará la postura del cadáver (tumbados boca arriba y con los brazos sueltos y relajados a los lados) y se descansará durante varios minutos.

DIFERENTES TIPOS DE PRANAYAMA

Antes de comenzar cualquier tipo de Pranayama o respiración consciente tántrica, es aconsejable recargar nuestro cuerpo y nuestra mente de paz y tranquilidad, por medio de una sencilla respiración relajada, durante unos minutos. Para ello, nos tumbaremos boca arriba, procurando estar lo más cómodos posible, y tomando conciencia de nuestra respiración, la dirigiremos a todas las partes de nuestro cuerpo, comenzando por los dedos de los pies y subiendo hasta la coronilla. De modo que, cada vez que realicemos una inspiración, estemos revitalizando la zona concreta hacia la que hemos dirigido la respiración y, cada vez que exhalemos el aire, liberemos esa misma zona de la tensión allí acumulada.

Respiración abdominal

Es el tipo de respiración consciente tántrica más sencilla, pues tan sólo hay que respirar como lo hacen los niños al nacer: inflando y desinflando el abdomen.

Con este tipo de respiración se desvanecen los miedos, la cólera y cualquier emoción negativa, además de preparar al cuerpo para la meditación.

Respiración polarizada del Sol y la Luna o Nadi Sodhana

Además de limpiar y despejar las fosas nasales, evita los resfriados, mejora la digestión, estimula las actividades intelectuales, equilibra y estimula los hemisferios cerebrales, fortalece la salud y activa la energía sexual, ayudando a controlar la eyaculación.

Para llevarla a cabo, hay que inspirar por la fosa nasal izquierda tapando, al mismo tiempo, con un dedo, la derecha, y luego exhalar por la derecha, tapando la izquierda. A continuación, hay que repetirla en sentido contrario.

Respiración de limpieza craneal o Kapalabthati

Junto con la limpieza y purificación de los pulmones, esta respiración llena de prana el plexo solar, estimula la circulación y la garganta, aumenta el calor corporal, oxigena la sangre, activa los chakras, favorece la digestión, fortalece los músculos abdominales, tonifica el

En la respiración abdominal hay que inflar y desinflar el abdomen suave y lentamente.

La respiración consciente tántrica se empezará practicando quince minutos y se irá aumentando hasta los cuarenta minutos.

Debemos crear el ambiente adecuado, con una luz tenue e incienso, para favorecer la concentración durante la práctica de la respiración profunda.

La respiración abdominal es la más sencilla y natural, es la que realizan los niños al nacer.

sistema nervioso, masajea y limpia el cerebro, revitaliza las células cerebrales, desintoxica, elimina la fatiga y el ácido láctico, combate el asma, prepara la mente para la meditación, refresca los ojos y actúa sobre la Kundalini.

Consiste en inhalar en el doble del tiempo que dura la exhalación, enérgica y rápidamente.

Respiración solar o Surya

Activa el hemisferio izquierdo del cerebro y calienta el cuerpo físico.

Para realizarla, primero hay que tapar la fosa nasal izquierda, inhalar y exhalar únicamente por la fosa nasal derecha.

Respiración lunar o Chandra

Además de activar el hemisferio derecho del cerebro, favorece el buen funcionamiento del sistema nervioso simpático y las funciones corporales, activa el principio femenino y es un excelente refresco corporal.

Se practica tapando la fosa nasal derecha e inhalando y exhalando únicamente por la fosa nasal izquierda.

Respiración chakra

Logra activar todos los chakras, depurándolos, limpiándolos y elevando la energía Kundalini o sagrada, permitiendo a quien la practica abrirse a la *divinidad* y sintonizar mucho mejor con su Yo interno.

Hay que inhalar por la nariz y exhalar por la boca, al mismo tiempo que se visualizan cada uno de los chakras y sus respectivas formas y colores, concentrándose en cada uno de los chakras alrededor de 3 minutos, y llevar la energía desde el polo sexual hasta el chakra de la coronilla realizando siete respiraciones profundas, tranquilas, lentas y conscientes en cada uno de los siete chakras, al mismo tiempo que visualizamos una luz radiante en cada centro energético. Lo más idóneo es que el color de la luz coincida con el color de cada chakra. Con cada inspiración, reforzaremos el color, y con cada exhalación, haremos que se expanda su luminosidad, completando la respiración imaginándonos que una luz dorada va recorriendo el *sushumna* (médula espinal).

Respiración de limpieza

Además de recargar de prana los chakras y limpiar los nadis o meridianos de energía viciada y estancada, este tipo de respiración limpia y desbloquea el plexo solar, que es el lugar donde se acumulan las energías estancadas.

Sentados cómodamente y con la columna vertebral relajada pero erguida, con las piernas dobladas en posición de *shavasana* o *sidhasana*, colocando una mano sobre el corazón y la otra sobre el abdomen, se inhala por la nariz profundamente, dejando que el aire llegue hasta lo más hondo de nuestro interior, y se exhala por la boca, muy lentamente, repitiendo la misma respiración de 10 a 20 minutos.

Respiración en movimiento

En este tipo de respiración se aúnan los beneficios de una respiración consciente tántrica de limpieza con los del propio movimiento; es decir, además de limpiar, hacemos que todo nuestro Yo vibre y entre en calor.

Para realizarla, una vez puestos en pie y con los brazos sueltos y relajados a los lados, inspiraremos profundamente y levantaremos los brazos, con las palmas hacia arriba, hasta que las yemas de los dedos se toquen por encima de nuestra cabeza. A continuación, daremos la vuelta a las muñecas, de forma que las palmas de las manos queden hacia abajo, y exhalaremos el aire lentamente, al mismo tiempo que vamos bajando los brazos.

Respiración de recarga

Además de llenar de energía vital el sistema nervioso, activa profundamente los chakras y la Kundalini, favorece la irrigación de sangre y prana al cerebro, despierta el buen humor, potencia la memoria y es un perfecto antídoto contra el cansancio.

Para llevarla a cabo, nos colocaremos de pie con las piernas situadas a la altura de los hombros y respiraremos rápida y enérgicamente por la nariz, al mismo tiempo que dejamos que el cuerpo se mueva dinámicamente, soltando la cabeza, los hombros, los brazos y las manos. Después de 5 ó 10 minutos, nos detendremos y realizaremos siete respiraciones completas, visualizando nuestro cuerpo envuelto en una luz muy luminosa.

Respiración completa

Al trabajar el plano físico, emocional y mental, este tipo de respiración es muy beneficiosa para el corazón y,

además, activa la circulación sanguínea, regenera las glándulas endocrinas, potencia la energía intelectual y sexual, aporta serenidad a la mente y al espíritu, refuerza el don de la voluntad y aumenta la electricidad del cuerpo en la columna vertebral y los chakras.

Se trata de inhalar, retener y exhalar en el doble de tiempo que la inhalación, abarcando la parte baja, media y alta, desde los genitales hasta la cabeza.

RESPIRACIÓN SINCRONIZADA Y SEXO: PURA ARMONÍA Y ÉXTASIS

En la práctica sexual del Tantra muchas veces las palabras sobran pues el ritmo lo lleva la respiración. Conseguir respirar a dúo antes de adentrarse en la práctica amorosa y, también, mientras se está haciendo el

La respiración nos ayuda a activar todos los chakras para poder establecer una perfecta comunicación con nuestra pareja.

Cuando estamos a punto de alcanzar el orgasmo, debemos relajarnos a través de una respiración profunda para evitar la eyaculación.

amor es una experiencia que, aunque requiere paciencia y práctica, podríamos calificarla de mágica.

Antes de hacer el amor o Maithuna, es aconsejable tomarse unos minutos de quietud y tranquilidad, ya sea a solas o con nuestra pareja, para que nos sea más fácil adentrarnos en un estado de conciencia interno y preparar nuestro cuerpo para vivir plenamente *el momento presente de nuestra sexualidad.*

Sentados el uno frente al otro, ambos amantes comenzarán a respirar de forma pausada y profundamente. Cerrando los ojos, ambos miembros de la pareja sentirán cómo el aire va recorriendo todo su cuerpo. Poco a poco, los pensamientos irán desapareciendo y ambos entrarán en un profundo estado de meditación. La respiración ha de hacerse con el diafragma, al mismo tiempo que nos imaginamos que va siguiendo un camino circular que comienza en los genitales, sube por la espina dorsal hasta llegar a la cabeza y baja por la frente hasta volver de nuevo a los genitales. Este tipo de respiración, además de activar nuestra

energía sexual y predisponernos para hacer el amor, consigue que el éxtasis y el placer se incrementen de forma notable durante el acto sexual y que se establezca una maravillosa comunicación no verbal con nuestra pareja, en el caso de que la realicemos juntos.

Durante el propio acto sexual, la pareja puede practicar la respiración sincrónica inversa. De modo que, cuando uno de ellos exhale, el otro inhale. Se trata, sencillamente, de que ella respire del aire de su pareja y él del suyo. De este modo, se establece un círculo que potencia positivamente la energía sexual entre ambos amantes y energéticamente es como si el hombre inspirara por el corazón y exhalara por el pene, mientras que la mujer inspirara por la vagina y los exhalara por el corazón.

Cuando se apodera de nosotros la excitación sexual y estamos ya en la recta final camino de la eyaculación y el orgasmo, nuestra respiración se vuelve entrecortada, rápida y menos profunda. Sin embargo, si conseguimos seguir respirando profunda y lentamente, se creará un ambiente relajado para la energía sexual y no se producirá la eyaculación pues, según el Tantra, si la respiración guarda un ritmo, el cuerpo guarda la energía y nunca la echa fuera.

Llegado el momento del clímax, también podemos realizar una serie de respiraciones especiales encaminadas a retener la eyaculación y el orgasmo, tales como: la respiración de la locomotora (inhalando y exhalando rápidamente por la boca), la respiración del fuelle (inhalando y exhalando rápidamente por la nariz), o la respiración del corazón (inhalando y exhalando por la boca, lenta y profundamente, emitiendo al mismo tiempo un amplio sonido y tratando de concentrar la energía en el chakra del corazón).

Conseguir respirar a dúo es una experiencia única y mágica dentro del Tantra.

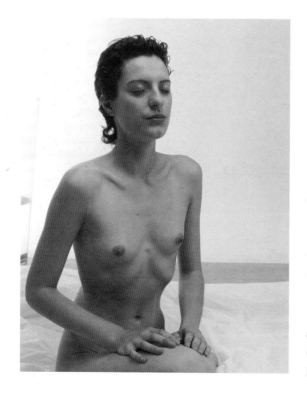

Meditación tántrica,
VIVIR EL MOMENTO
PRESENTE

Siguiendo la máxima del yogui Amrit Desai, quien dijo: «Orar es hablar con Dios. Meditar es escuchar a Dios», la meditación es la forma de ponernos en contacto con nuestro lado espiritual. Al contrario de lo que muchas personas creen, meditar no significa dirigir o enfocar la atención sobre un determinado asunto o problema para buscarle una solución. Se trata, más bien, de un ejercicio o técnica mental cuya intención primordial es apagar el pensamiento consciente, de forma que podamos percibir fuentes de información más sutiles (es decir, de niveles más profundos de nuestra mente). Con la meditación, el

A través de la meditación logramos una perfecta comunicación con nuestro cuerpo, mientras nuestra mente permanece tranquila y despierta.

Para meditar podemos utilizar inciensio y una vela que aromatice la estancia.

diarias se transforma en todo lo contrario, revirtiéndose el proceso de envejecimiento... En mis estudios llevados a cabo con personas que practican la Meditación Trascendental he podido comprobar que aquellas personas que han practicado la meditación durante un buen número de años pueden tener una edad biológica de entre cinco y doce años menos que su edad cronológica».

TÉCNICAS PARA MEDITAR

Aunque existen diversas formas de meditar, prácticamente la mayoría tienen varios elementos en común, que es preciso tener en cuenta, sobre todo si vamos a iniciarnos en la meditación por primera vez:

- Buscar un ambiente lo más tranquilo y apartado de distracciones que nos sea posible. Por supuesto que el sitio ideal siempre es la naturaleza, mientras que sea un lugar donde podamos estar tranquilos y no ser molestados. Pero, de no ser así, cualquier habitación de nuestra casa vale y, mejor aún, si desconectamos el teléfono. Eso sí, debe haber el espacio suficiente para poder moverse con libertad antes de la meditación en sí y, también, para poder colocar una esterilla o manta (también se puede utilizar una silla), flores o velas, si se desea.

- Es preferible meditar teniendo la ventana de la habitación abierta, salvo que se viva en una calle muy contaminada.

- Se puede utilizar una varilla de incienso para aromatizar la estancia, siempre que su olor no sofoque nuestra respiración.

- Usar ropa ligera, sencilla y cómoda (también se puede practicar desnudo).

- Tener el ánimo predispuesto hacia el optimismo y la armonía.

cuerpo entra en un estado de profundo descanso, mientras que la mente permanece tranquila pero despierta.

La meditación es una técnica muy efectiva para eliminar o, por lo menos, disminuir el efecto que las tensiones de la vida actual ejercen sobre nuestro cuerpo y nuestro espíritu, además de conseguir, con la práctica habitual, un mejor funcionamiento de nuestro organismo, lo que redunda positivamente en una vida más larga y saludable. Datos que, en más de una ocasión, ha confirmado un experto en el tema, el doctor y escritor norteamericano de origen hindú Deepak Chopra: *«El estado fisiológico de los practicantes de la meditación experimenta cambios definitivos hacia un mejor funcionamiento. Cientos de hallazgos muestran una reducción significativa en la respiración, un menor consumo de oxígeno y una reducida tasa metabólica. Además, en términos del envejecimiento, la conclusión más llamativa es que el desequilibrio hormonal asociado con el estrés, que acelera el envejecimiento, se revierte. Sin embargo, con la práctica habitual de la meditación, esta situación proclive a un proceso degenerativo debido al estrés y tensiones*

- La meditación se puede hacer en cualquier postura, siempre que esta sea lo suficientemente cómoda para no tener que luchar contra la fatiga pero no tanto que induzca al sueño o al amodorramiento, pues se trata de mantenerse relajado pero alerta. La columna debe estar siempre erguida y, si cerrando los ojos nos dormimos, meditaremos con los ojos abiertos al estilo Zen, desenfocando ligeramente la mirada como si contemplásemos el infinito. Si quien medita practica el *hatha yoga*, puede meditar en las posturas clásicas: el *padmasana-loto*, el *siddhasana* o el *sukhasana*. También es muy apropiada la postura Zen de sentarse sobre las rodillas apoyando los glúteos sobre los talones de los pies. Además, también se puede meditar sentados sobre una silla, de pie o incluso tumbados boca arriba mientras que no nos durmamos.

- Disponer de un objeto sobre el cual enfocar la atención. Este puede ser una imagen o bien una palabra o frase que repitamos constantemente, ya sea mentalmente o en voz alta. El objeto sobre el cual enfoquemos la atención también puede ser una acción o nuestra propia respiración. Con cada exhalación repetiremos, mental o verbalmente, la palabra o frase escogida, el tiempo necesario hasta que la respiración se torne lenta y acompasada.

- Relajar todo el cuerpo, parte por parte, órgano por órgano, músculo por músculo, miembro por miembro.

- Tratar de eliminar todo pensamiento de la mente, pero sin hacer demasiado esfuerzo, pues todo tiene que ser de forma natural. A continuación, visualizar algún lugar preferido de la naturaleza (lago, montañas, campo, bosque, desierto, cielo, mar…), donde quisiéramos estar en el momento de la meditación.

- Respirar profundamente, teniendo los ojos cerrados al principio, hasta tener seguridad y experiencia

La meditación puede realizarse en cualquier postura, siempre que sea cómoda, pues se trata de mantenerse relajado pero alerta.

de meditación. Después, mirar desde el interior y tratar de escuchar algún sonido o de percibir algún olor o color, sintiendo el calor, la ternura, la dulzura, el amor y el cariño de todos los seres del Universo, y aceptando todas las ideas y visiones que vengan. En resumen, captando la presencia divina y convirtiéndose en uno con ella.

- Por último, regresar, poco a poco, al mundo real, sintiendo el cuerpo físico y cómo la sangre circula por las venas.

MEDITACIÓN TÁNTRICA, EN BUSCA DE LA «CONCIENCIA TESTIGO»

Posiblemente haya tantas formas de meditar (*la meditación de la llama, la meditación Kundalini, el Giberish, la meditación del espejo, la meditación del círculo luminoso, etc...*)

Tras eliminar todo pensamiento de la mente, y mientras permanecemos en nuestra postura, visualizar un paisaje natural que nos inspire paz y armonía.

como potenciales meditadores, pero básicamente se pueden dividir las formas de meditar en dos clases dependiendo de los fines: pretender liberarnos del mundo, conseguir un total desapego y aspirar a otra realidad superior a esta como proponen algunas disciplinas religiosas orientales o, también, meditar para estar en este mundo con total lucidez, paz y creatividad, que nos permita actuar realmente con eficacia y sabiduría sirviendo a un propósito superior o cósmico y a la realización de nuestro Ser Espiritual, como propone el Tantra.

La meditación tántrica nos invita a realizarnos como seres globales, ya que ayuda a que los dos hemisferios de nuestro cerebro (el racional y el intuitivo) se integren. De manera que, cuando somos capaces de desarrollar ambos a la vez, estamos utilizando, de una forma global, nuestra capacidad mental y abriéndonos al verdadero camino de la sabiduría.

Una vez llegados a este punto o estando en camino de ello, la meditación tántrica nos propone usar nuestras capacidades para estar en *el aquí y el ahora*, en el mundo en el que vivimos, y no para evadirnos o buscar otro, y persiguiendo esta meta, la de realizar los

poderes cósmicos aquí y ahora, más que centrarnos en desarrollar el desapego, es necesario que nos centremos en desarrollar nuestra atención al máximo, en lo que el Tantra denomina «La Conciencia Testigo».

Se trata de desarrollar un tipo de conciencia que sea testigo del mundo, de la realidad, de lo que sucede, de nosotros mismos, para comprenderla y comprendernos, y poder cambiarla o cambiarnos si es necesario, observando las cosas y las personas pero sin juzgarlas. En definitiva, podemos meditar solos o en pareja, en cualquier situación, pero siempre procurando vivir con toda la intensidad posible el momento presente aunque sin implicarnos, sin juzgarlo, sin dejarnos atrapar por el, observando nuestra mente pero sin luchar, juzgar, censurar o tratar de suprimir ninguno de los pensamientos o imágenes que nos puedan surgir, pues solo debemos ser observadores, testigos imparciales de cómo surgen los pensamientos y también de cómo se van.

LA MEDITACIÓN DEL «CÍRCULO LUMINOSO»

La meditación de la luz o «círculo luminoso» es una de las prácticas meditativas tántricas más bellas y cuyos resultados son maravillosos si se practica en pareja, pues activa la energía sexual, hasta el punto de poder llegar a producirse una experiencia orgásmica, y favorece la comunicación íntima.

1. Prepararemos el dormitorio u otra habitación (media hora antes de la meditación, aproximadamente) como si fuera un templo, decorándolo con flores, aromatizándolo con incienso y llenándolo del bello sonido de una música especial para la ocasión, que abra y expanda nuestra energía. Colocaremos, también, velas por toda la habitación para que haya luz suficiente para ver a nuestra pareja y poder mirarnos mutuamente a los ojos.

2. En el centro de la habitación y en el suelo, pondremos un colchón con una almohada a cada extremo, para poder sentarnos uno frente al otro, cara a cara. Situaremos una vela encendida entre las dos almohadas, teniendo en cuenta que haya espacio suficiente entre las dos almohadas para que podamos estar cómodamente sentados en medio. Colocaremos otra almohada o una silla en ambos extremos de la habitación.

3. Después de darnos una ducha para purificarnos físicamente, entraremos en la habitación y nos sentaremos en cada una de las almohadas o sillas que había situado en los dos extremos del cuarto. Después, cerrando los ojos, meditaremos durante 15 minutos, dejando que surja en nuestro interior la paz y la tranquilidad, olvidándonos de nuestra pareja y centrando la atención tan sólo en nosotros.

4. Dirigiendo nuestro estado de conciencia desde la cabeza hasta el abdomen, tomaremos aire, lo exhalaremos después de contar tres y volveremos a inspirar contando otra vez tres. Manteniendo el estado de conciencia en nuestro vientre, respiraremos de esta forma durante varios minutos.

5. Cuando tengamos la sensación de estar llegando al interior de nuestro cuerpo, abriremos los ojos, pero continuaremos mirando hacia nuestro interior, y nos pondremos de pie, muy lentamente, sintiendo que nuestras piernas y pies están adheridos al suelo.

6. Dirigiremos nuestra conciencia intensamente hacia nuestro pene (en el caso del hombre) o nuestros senos (en el caso de la mujer), para despertar la energía que hay en ellos, y comenzaremos a andar, lentamente, hacia el colchón, donde vamos a rendir culto al amor.

Debemos meditar interiormente cada uno hasta alcanzar el equilibrio que nos permita entrar en perfecta armonía con nuestra pareja.

7. Sentándonos en el colchón, uno frente al otro, fijaremos nuestra mirada en la vela que hay entre nosotros y continuaremos con la respiración, intentando realizarla de manera sincronizada, imaginándonos durante la inspiración que estamos aspirando la luz de la vela y que la luz circula por nuestro cuerpo. Cuando nos sintamos llenos de luz, dirigiremos nuestros ojos a los de nuestra pareja e intercambiaremos la energía a través de la mirada.

8. Transcurrido un tiempo, el hombre retirará la vela del colchón y la mujer se sentará en medio del colchón en la posición *yab yum* (sentada a horcajadas encima del hombre que está también sentado con las piernas casi cruzadas). Ambos continuarán respirando sincronizadamente, la mujer inspirando por la vagina y exhalando por el corazón y el hombre inspirando por el corazón y exhalando por el pene, haciendo circular la luz por sus cuerpos hasta que la música se acabe (la meditación debe durar alrededor de 45 minutos).

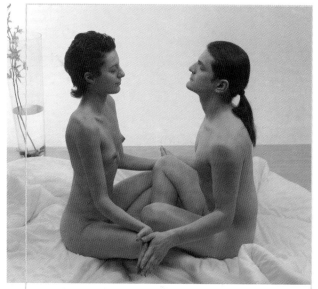

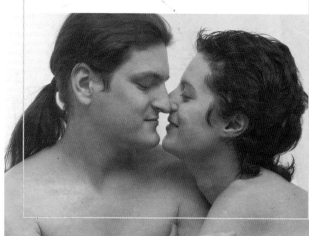

La meditación en pareja es uno de las formas más profundas de conectar con nuestra pareja. Después de llevarla a cabo, podemos disfrutar más estrechamente de nuestro amante.

9. Una vez terminada la música, los amantes se separarán lentamente y rendirán culto a su pareja dándole las gracias y expresándole su gratitud inclinando su cabeza.

10. Por último, la pareja se tumbará junta y permanecerá tranquila y relajada o, si lo prefiere, podrá hacer el amor.

LAS MEDITACIONES DE OSHO

Son muchas las meditaciones que el gran maestro tántrico Osho ha ideado, pero quizás sean estas las más representativas y también, posiblemente, las que más influyan, de manera positiva, en la reactivación de la energía sexual y en el buen funcionamiento de la sexualidad.

Meditación dinámica

La meditación dinámica es muy activa, casi agotadora, pero nos permite entrar en la más profunda quietud y paz interior. Dura una hora y contempla cinco etapas:

1.ª etapa (10 minutos): Inhalar y exhalar rápidamente por la nariz, dejando que la respiración sea intensa y caótica. El aliento debe penetrar plenamente en los pulmones, dejando que los movimientos que vayan surgiendo se produzcan, empleando esos mismos movimientos naturales del cuerpo para incrementar nuestro nivel de energía y sintiendo cómo nos estamos elevando, pero sin dejarnos ir durante esta primera etapa.

2.ª etapa (10 minutos): Explotar y dejar que salga todo lo que surja en nosotros, volviéndonos totalmente locos, gritando, gimiendo, llorando, saltando, agitándonos, bailando, riendo; es decir, no controlando nada y no dejando que nada de lo que haya en nuestro interior quede sin salir y ser expresado.

3.ª etapa (10 minutos): Con los brazos levantados, saltar mientras se entona el mantra «¡Hu, Hu, Hu!», sintiendo cómo el sonido surge de nuestro vientre y haciéndolo tan intensamente como nos sea posible. Cada vez que aterricemos sobre la planta de los pies, dejaremos que el sonido golpee profundamente en nuestro centro sexual.

La energía que fluye a través de las manos juntas llega hasta el cerebro y después los órganos sexuales.

En la meditación en pareja debemos dejarnos llevar por nuestros instintos más primarios.

El movimiento debe surgir entre los dos como una forma de comunicación natural e íntima.

4.ª etapa (15 minutos). Detenerse y quedarse inmovilizado en la posición en que en ese momento nos encontremos, sea cual sea, y sin acomodar el cuerpo, manteniéndonos como *testigo* de todo lo que suceda en nuestro interior.

5.ª etapa (15 minutos). Celebrar la meditación bailando y expresando cualquier cosa que sintamos, y continuando con esta vitalidad durante todo el día.

Meditación Giberish

Al igual que la meditación dinámica, el Giberish es una técnica profundamente catártica. Se dice que fue empleada por primera vez hace cientos de años por un místico sufí llamado Gibere. Pero ha sido el maestro Osho quien la ha actualizado para su utilización contemporánea.

1.ª etapa (15 minutos): Solos o en grupo, cerraremos los ojos y empezaremos a emitir sonidos sin ningún sentido. Sumergiéndonos completamente en el sonido, nos permitiremos expresar todo aquello que necesitemos expresar, sin reprimir ningún tipo de pensamientos y dejando que nuestro cuerpo también se exprese libremente.

2.ª etapa (15 minutos): Tumbados sobre el estómago, nos sentiremos fusionados con la madre Tierra. Con cada exhalación, sentiremos cómo nos fundimos con el suelo que hay debajo de nosotros.

En caso de hacer el Giberish en el exterior, mantendremos los ojos abiertos y mirando al cielo, sin focalizar en ningún sitio concreto, para expulsar todo lo que

La meditación de Osho termina dejando nuestra mente libre para abandonarnos a las sensaciones y celebrar la meditación con el baile.

En la meditación Giberish al aire libre permanecemos sentados mirando al cielo.

haya en nuestro interior. Comenzaremos la meditación sentados, pero luego, podemos levantarnos, tumbarnos o movernos, dejando que nuestro cuerpo haga lo que quiera.

En la segunda parte de la meditación Giberish al aire libre, en lugar de tumbarnos sobre el estómago permaneceremos sentados o tumbados de espaldas y mirando al cielo.

Meditación de la risa

Para Osho, la risa no sólo es hermosa, sino que también es una herramienta muy eficaz de purificación. Con la meditación de la risa, ideada por este gran maestro tántrico, podemos cambiar la naturaleza del día si la practicamos cada mañana nada más levantarnos. Si nos levantamos riendo, tal como dice

Osho, pronto empezaremos a sentir lo absurdo de la vida, descubriendo que no hay nada serio y que, incluso, podemos reírnos de nuestras desgracias y de nosotros mismos. Cuando nos levantemos por la mañana y antes de abrir los ojos, nos estiraremos como un gato, estirando cada parte de nuestro cuerpo y disfrutando al sentir cómo nuestro cuerpo se despierta y vuelve a la vida. Después de tres o cuatro minutos de estiramientos y con los ojos aún cerrados, comenzaremos a reír y prolongaremos la risa durante cinco minutos.

Meditación para liberar la tensión facial

Cada noche antes de acostarnos, nos sentaremos en la cama y comenzaremos a hacer muecas de la misma manera que las hacen los niños. Haremos toda clase de muecas, de forma que toda la cara y su musculatu-

Sentados en silencio, escuchamos la música y dejamos que las palabras afloren de nuestros labios.

De pie y en posición de meditación, dejamos de nuevo que afloren sonidos de nuestra garganta.

ra empiece a moverse. Al mismo tiempo, emitiremos cualquier tipo de sonidos y nos balancearemos durante quince minutos. Por último, nos dormiremos. Al día siguiente, por la mañana y antes de bañarnos, nos pondremos otra vez delante del espejo y haremos muecas durante diez minutos.

Meditación Devavani

Devavani significa «*La voz divina*». Al practicar esta meditación, nos imaginamos que lo Divino pasa a través de nosotros, que la Divinidad habla a través de nuestro Yo. Cada una de las cuatro etapas dura quince minutos y debemos permanecer en estado de concentración. Puede practicarse en grupo o en solitario.

1.ª etapa (15 minutos): Sentados en silencio, escuchamos la música sin hacer nada.

2.ª etapa (15 minutos): Cuando la música cese, nos convertiremos en un canal para la voz divina. Empezaremos diciendo solamente *la...la...la...*, hasta que palabras desconocidas afloren a nuestros labios. Es necesario que las palabras surjan de la parte del cerebro que empleábamos, cuando éramos niños, antes de que pudiéramos hablar; no de la parte que piensa y que comunica. Si en algún momento, las palabras dejan de aparecer, empezaremos de nuevo con el *la... la... la...* hasta que las palabras empiecen otra vez a fluir por nuestra boca de una manera espontánea y natural.

3.ª etapa (15 minutos): Manteniéndonos de pie, continuaremos hablando en lenguas desconocidas y dejando que lo Divino se mueva a través de nuestro cuerpo, que debe estar relajado y suelto.

4.ª etapa (15 minutos): Permaneceremos tumbados y totalmente quietos.

Meditación Mandala

Con este tipo de meditación se consiguen liberar todas las tensiones del cuerpo, además de recargarlo energéticamente. La energía, al no estar bloqueada por las tensiones, fluye libremente en nuestro interior limpiándonos y purificándonos.

1.ª etapa (15 minutos): Correremos sin movernos del sitio, primero lentamente y luego, poco a poco, corriendo más y más rápido.

Manteniendo la respiración regular, profunda y relajada, nos olvidaremos de la mente y del cuerpo y solamente prestaremos atención al acto de correr.

2.ª etapa (15 minutos): Sentados y con los ojos cerrados, haremos que nuestro cuerpo ruede como si se tratara de un junco mecido por el viento, cimbreándonos de un lado a otro, hacia delante y hacia atrás, dando vueltas y más vueltas, con un balanceo lento, relajado, natural y armonioso.

Notaremos cómo la energía asciende a través del cuerpo y se concentra en el ombligo.

3.ª etapa (15 minutos): Tumbados de espaldas y con los ojos abiertos, los giraremos en el sentido de las agujas del reloj, describiendo círculos tan grandes como nos sea posible, primero lentamente y luego, gradualmente, haciéndolos girar más y más rápido.

La energía que ha ido ascendiendo a través del cuerpo se concentrará ahora en el tercer ojo (el ojo interior), en el espacio que hay entre los dos ojos.

4.ª etapa (15 minutos): Con los ojos cerrados, permaneceremos tumbados de espaldas, quietos y relajados.

Desde la posición de tumbados, arqueamos nuestra cintura y permanecemos relajados en la postura.

Desde el suelo, elevamos el tronco con la mirada hacia el cielo, en un estado de relajación profunda.

Cuando alcanzamos un estado de relajación profunda, el equilibrio surge como una forma natural de expresión de nuestro cuerpo.

El templo del
AMOR

EN LOS ANTIGUOS TEXTOS TÁNTRICOS se hace referencia a la *habitación del amor* como una estancia que «debe estar intensamente perfumada, ser agradable a la vista y disponer de una cama grande, blanda y mullida en el centro, cubierta con sábanas blancas y muy limpias, y en la que reposen dos grandes y acogedoras almohadas, una en la cabecera y otra a los pies de la cama. Además, en el centro de la cama conviene poner flores frescas o, bien, colocar una guirnalda floral en el cabecero y, sobre él, un dosel de gasa, que hará aún más íntimo el lecho de amor». En la habitación del amor, «también es aconsejable disponer de un diván o escabel, sobre el que se colocarán los ungüentos perfumados para la noche de amor, así como flores y frascos con líquidos y aceites olorosos, además de tónicos

El templo del amor debe ser una habitación acogedora, donde podamos sentirnos relajados.

El olor es uno de los sentidos que podemos estimular a través de aromas naturales y sutiles.

para perfumar la boca y ahuyentar el mal aliento y corteza de limonero, que también sirve para tal fin. Una vez preparado el trono del amor y habiendo purificado la estancia quemando incienso, el hombre y la mujer subirán a él y se amarán».

En la actualidad, al practicar el sexo tántrico no es imprescindible llegar a tal grado de refinamiento, aunque bien pudiéramos hacerlo, pero sí es necesario tener o crear un lugar donde la pareja pueda olvidar las preocupaciones de la vida diaria, ya sea el dormitorio conyugal, la habitación de un hotel o cualquier otro sitio donde le sea posible tener relaciones sexuales sin ser molestada y en un ambiente relajado e íntimo. Es, por tanto, imprescindible crear nuestro propio *santuario del amor* y, por supuesto, reservar ese sitio para dedicarlo siempre a la práctica del sexo o cualquier otro ritual tántrico. De manera que cada vez que entremos

en él nos encontremos con una atmósfera consagrada a tales fines.

CON LOS CINCO SENTIDOS

El olfato, la vista, el gusto, el oído y el tacto...; es decir, todos los sentidos se despliegan a la hora de hacer el amor. Por tanto, deben tenerse en cuenta al crear el ambiente adecuado para conseguir que la estancia adquiera un aire de sacralidad, convirtiéndose en un auténtico Templo del Amor; es decir, la habitación donde celebremos el amor. Por eso, si decoramos ese lugar con la mente centrada en el tema sexual, teniendo la cama como punto central del mismo, nada más entrar en él nos invadirá una ola de erotismo y sensualidad.

Aunque lo ideal sería disponer de una habitación para convertirla en nuestro templo privado y utilizarla únicamente para las ocasiones en que rindamos culto al amor, también es posible usar otro lugar como, por ejemplo, el dormitorio conyugal, siempre y cuando lo preparemos antes de iniciar el ritual amoroso. Lo más importante es crear un ambiente tranquilo que nos invite a disfrutar con serenidad del *momento presente*. Por eso, cuantos menos muebles u objetos tengamos en la habitación el efecto será mucho mejor. Tampoco conviene tener fotografías o cuadros que nos recuerden el pasado, ni otro tipo de elementos que le den al lugar un aspecto abigarrado y caótico. Además, si eliminamos de la habitación las cosas que no sean esenciales, nos dará la sensación de disponer de un espacio más amplio.

Casi cualquier habitación puede convertirse en un santuario para la celebración del amor, incluso aunque haya limitaciones de espacio. Por ejemplo, podemos utilizar muebles y objetos con telas exóticas, como muselina, gasa o seda, de colores rojos, naranjas, ocres, amarillos, terracotas o violetas, pues estas tonalidades,

El ambiente acogedor y sencillo debe ir acompañado de las caricias y mimos que ayudan a la cercanía entre los amantes.

al estimular los chakras, despiertan los sentidos y el deseo sexual. Colores que también podemos utilizar en las cortinas o visillos, colchas, alfombras, almohadas y cojines, siendo el complemento ideal de una decoración armoniosa.

Ya sea para meditar, practicar yoga o hacer el amor, es imprescindible que en la habitación que dediquemos a ello tengamos un pequeño altar, que puede ser muy sencillo o, por el contrario, muy elaborado, según nuestros gustos, pero en el que tan sólo debe haber elementos muy significativos para nosotros. Los practicantes del Tantra suelen tener en el santuario el símbolo OM, pues representa la vibración global de la creación universal y, también, cuencos de cristal, llenos de agua (símbolo del cosmos, con pétalos y velas flotantes). Pero en él también colocaremos flores, velas e inciensarios y haremos nuestras ofrendas. Será un espacio sagrado, cuya energía tangible nos hará centrar en él la

Los colores y los aromas forman parte de los preámbulos para una sesión amorosa.

55

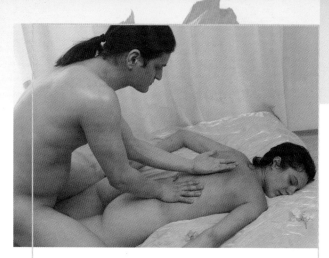

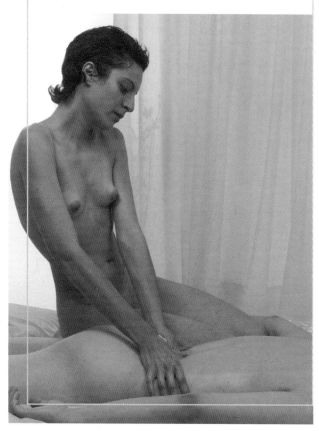

nuestra. Por eso, es conveniente que siempre esté en el mismo lugar y no lo mudemos de un lado a otro.

En cuanto a la cama, no es un elemento imprescindible para hacer el amor, pues también podemos hacerlo en el suelo sobre un colchón o, simplemente, encima de una alfombra y varios cojines y almohadas. Pero, si utilizamos la cama, el Tantra aconseja que esté lo más cercana al suelo y que, previamente, la hayamos cubierto con sábanas limpias y perfumadas e, incluso, pétalos de rosa.

Aunque se puede hacer el amor a plena luz del día, el Tantra aconseja optar por una luz tenue, pues el ambiente que se consigue es mucho más íntimo y, al estar medio en penumbra, los amantes pueden disfrutar de la excitante visión de la cara de su pareja mientras hacen el amor. Si queremos conseguir una iluminación cálida, acogedora y sensual, podemos utilizar varios tipos de luces, de distintos colores (las más apropiadas son las rojas, ámbar y violeta) e intensidades. Sin embargo, para muchos practicantes del Tantra la iluminación más idónea es únicamente la de las velas. Lo cierto es que pocas cosas hay tan románticas y sensuales como un lugar tan sólo iluminado por un buen número de velas suavemente perfumadas.

Con respecto a los aromas, ya sea poniendo flores, velas aromáticas, aceites esenciales (romero, limón o mandarina, rosa, ylang ylang...) o incienso, el Tantra recomienda pecar mejor por defecto que por exceso, pues un olor intenso puede llegar a ser mareante y arruinar por completo el ambiente más sensual y romántico que hayamos creado.

El incienso forma parte de todos los rituales tántricos y muy especialmente de los sexuales, ya que inun-

Un masaje sensual es el preámbulo perfecto para despertar los sentidos: comenzamos con suaves caricias, para ir profundizando poco a poco y acercarnos, cada vez más, a las zonas erógenas.

dando la atmósfera de la *habitación del amor* con aromas sensuales como el sándalo, el almizcle o el pachulí, estimulamos nuestra energía sexual, pues el olfato es el sentido del chakra de la raíz, el Muladhara, donde reside la energía sexual latente del Kundalini dormido.

Las flores son, sin duda, uno de los elementos que más juego pueden dar a la hora de decorar una habitación para el amor. La fragancia de montones de rosas frescas, distribuidas en jarrones por la estancia, hará que nuestros sentidos se despierten y la sensualidad corra por nuestra piel. Pero, aunque las rosas son por antonomasia el símbolo de la pasión amorosa, también podemos emplear cualquier flor que nos guste u optar, si nos es fácil conseguirla, por la flor del hibisco, que tiene un gran significado en los rituales tántricos, pues su color rojo intenso y su estambre prominente simbolizan la unión sexual.

Junto con el maravilloso sonido de nuestra respiración y los sensuales sonidos del amor (gritos, susurros, gemidos...), la música también puede formar parte del ambiente sonoro de la *habitación del amor*. Podemos elegir cualquier tema que nos guste, aunque lo más adecuado es una música romántica y sensual, siempre que sea suave, a un volumen bajo, y favorezca la relajación y la concentración.

Las flores secas, los cuencos y los alimentos pueden ser elementos decorativos excepcionales del templo del amor.

El Tantra aconseja disponer en la habitación del amor, justo cuando vayamos a celebrar el ritual sexual tántrico, de alimentos sáttvicos (puros) y también de otros que incrementen el nivel energético de los chakras y activen la energía sexual, aderezados con sensibilidad, espiritualidad y sensualidad. Los sentidos de la vista, del gusto y del olfato excitan el sistema digestivo y los centros del placer, de tal modo que la percepción sensorial de lo que comemos es fundamental para despertar exquisitas sensaciones sensuales y eróticas. Por eso, son igual de importantes los alimentos, la preparación y la presentación, pues no debemos olvidar que la comida entra primero por los ojos y, después, por el olfato y el paladar. Por lo tanto, la utilización de bandejas, cuencos o copas bonitas es tanto o más importante que la propia comida.

Los pétalos de flores son un perfecto acompañante del templo del amor.

La veneración del

CUERPO

AMAR EL PROPIO CUERPO: CÓMO SUPERAR
LOS COMPLEJOS Y TRAUMAS

En el mundo actual, controlado por los medios de comunicación, los estereotipos físicos que impone la
moda dominan sobre la individualidad, hasta el punto
de que para sentirnos bien tenemos forzosamente
que tener unas medidas perfectas y, por supuesto, ser
o parecer joven. Pero la realidad es que pocas personas tienen esas medidas que, por otra parte, han ido
cambiando siglo tras siglo. Por eso, la búsqueda infruc-
tuosa del supuesto cuerpo perfecto puede llevarnos a
una gran frustración y lo que es mucho más grave: a
no valorarnos como seres únicos que somos.

Encontrar la armonía interior es el primer paso para alcanzar
el equilibrio y aprender a venerar nuestro cuerpo.

Debemos aprender a contemplar nuestro cuerpo y el de nuestro compañero con total naturalidad para poder explorarlo palmo a palmo.

El Tantra, al contrario que las corrientes actuales, nos enseña a respetar y a querer a nuestro propio cuerpo como algo único, al margen de los ideales estereotipados, superando todos los complejos y traumas que hemos ido adquiriendo.

El primer paso para amar a nuestro propio cuerpo consiste en la contemplación detallada del mismo. Para ello, nos colocaremos, de pie y totalmente desnudos, frente a un espejo de cuerpo entero, e iremos examinando, objetivamente, cada una de las partes de nuestro cuerpo, fijándonos en su color, su forma y hasta el tono muscular.

A continuación, iremos tomando nota de los sentimientos que van surgiendo durante el proceso de apreciación de nuestro cuerpo, tanto positivos como negativos. Después, reflexionaremos sobre nuestros complejos y traumas físicos y, amablemente, iremos desechando, poco a poco, todas esas ideas negativas. Por último, cerraremos los ojos y dirigiremos nuestra respiración y energía hacia esa parte de nuestro cuerpo que necesitamos amar, diciéndonos a nosotros mismos que «respetamos esa parte de nuestro cuerpo como parte intrínseca de un *todo divino*».

SADHANA TÁNTRICO

Pilar fundamental del Tantra, el Sadhana es una práctica o entrenamiento físico y espiritual que los practicantes tántricos deben realizar a diario en su camino hacia la *Unidad*, pero sin que resulte una obligación para ellos sino más bien un disfrute, pues se trata sobre todo de un juego consciente. Por eso, como todo juego, no hay que sobrepasarse jugando pero sí es preciso jugar. Es decir, no se trata de realizar ejercicios a todas horas pero tampoco de demorarlos cada vez más. La mejor manera de controlar, en consciencia, ese ritmo será dejándonos llevar por nuestra respiración, que será quien marque rítmicamente nuestro particular Sadhana. Tampoco debemos preocuparnos por los resultados, pues lo importante es la práctica, ya que los resultados vienen por sí solos, de manera natural.

Lo esencial en la práctica del Sadhana es considerar a nuestro cuerpo como un templo, al Sadhana como nuestra mejor obra creativa y a nosotros mismos como seres de luz. De esta forma, entraremos en un mágico estado de consciencia y notaremos cómo se moviliza en nuestro interior la Kundalini, provocando, al tiempo que fluye por nuestros chakras, una gran catarsis purificadora.

PURIFICACIÓN CORPORAL

Para conseguir la purificación del cuerpo, el Tantra hace hincapié en cinco claves tántricas: el ritual del agua (ducha o baño), el automasaje con aceites esenciales aromáticos, el Pranayama o respiración consciente y profunda, la práctica de la danza y el yoga para movilizar la energía y la alimentación sáttvica (alimentos puros).

El ritual del agua

La ducha o baño diario no sólo podemos verla como la forma más habitual de limpieza corporal sino también como maravilloso ritual de purificación, ya que por medio del agua, que cae a lo largo de nuestro cuerpo, logramos que desaparezcan tanto las impurezas externas como las internas, al visualizar el agua como un elemento esencialmente purificador. Por eso, el ritual del baño o ducha tiene tanta importancia en todas las doctrinas orientales. Cuidar especialmente la higiene, de manera que nuestro cuerpo esté limpio,

La purificación corporal empieza por el baño, que puede realizarse en pareja, y ser un magnífico preámbulo para los juegos amorosos.

Cualquier entorno es bueno para darle un masaje a nuestra pareja y acercarnos más al universo de caricias que ayudan a despertar los sentidos.

fresco y huela bien, es un signo claro de autoestima y respeto hacia nosotros mismos y, también, hacia nuestra pareja pues, aunque desbordemos pasión y deseo, el mal olor corporal o el mal aliento resulta muy desagradable a la hora de hacer el amor.

Automasaje con aceites esenciales aromáticos

En el automasaje tántrico no es tan importante la realización de unos movimientos determinados como la sensación de ternura y cariño que puedan transmitir nuestras manos. Por eso, aunque al principio nos resulte difícil, debemos esforzarnos en dejarnos llevar por la intuición y el corazón, que serán los que nos indiquen, acertadamente, dónde y cómo tocarnos para descubrir nuestro propio cuerpo, amarlo sin reservas y conseguir un placer único, íntimo e ilimitado.

Después de la ducha o el baño, una sesión de automasaje o autocaricias es el broche ideal en el acercamiento y amor hacia nuestro propio cuerpo. Una vez tumbados, completamente desnudos, en un ambiente cálido y agradable, proclive a la intimidad, frotaremos nuestras manos para calentarlas y comenzaremos acariciándonos los pies, después las piernas hasta llegar a las ingles y alrededor de los genitales (sin incidir en ellos, salvo que busquemos una gratificación sexual); a continuación, pasaremos al abdomen, los senos o el pecho, el cuello y los hombros, y por último, el rostro y la cabeza, deslizando suavemente nuestros dedos por nuestros labios y párpados.

Junto con el calor, la ternura y la pasión de nuestras manos, el uso de aceites esenciales aromáticos reforzará los efectos del automasaje, no sólo porque la aro-

A través de la danza liberamos energías y expresamos nuestras emociones más profundas.

materapia aumentará nuestra sensibilidad, sino también porque nuestras manos se deslizarán mejor sobre nuestra piel.

El Pranayama o respiración consciente tántrica

¿Cuál es la llave que abre la puerta de la energía y hace que ésta circule por todo nuestro ser? A través del Pranayama o respiración consciente tántrica podemos abrir los cierres de los chakras, activarlos y llenarlos de luz y poder, haciendo que la nergía se expanda en nuestro interior.

Danza y yoga para movilizar la energía

La danza es comunicación, liberación y emoción. Al danzar, nos comunicamos con los otros empleando un lenguaje en el que no tienen cabida las palabras, liberamos las tensiones que nos agarrotan, nos purifica-

mos lúdicamente y expresamos nuestras emociones más profundas. Además, a través de la danza tántrica, nos ponemos en contacto con las fuerzas mágicas de la naturaleza.

El yoga, por medio de una serie de posturas o asanas, de la respiración, de la meditación y de la relajación, y utilizando sabiamente la fuerza vital que hay en nuestro interior, nos ayuda a afrontar la vida de una manera sana y equilibrada, sirviéndonos, por tanto, para armonizar el cuerpo, la mente y las emociones.

La alimentación sáttvica

La alimentación tántrica establece tres categorías de alimentos, de mayor a menor pureza: sáttvicos (pu-

Podemos liberar nuestra mente con la ayuda de nuestra pareja, primero vaciándola de todo pensamiento y centrándonos en la energía que percibimos a través de las manos, para dar rienda suelta a un contacto más cercano.

ros), rajásicos (estimulantes) y tamásicos (tóxicos). Basándose en esta división, es lógico que los alimentos preferidos en la alimentación tántrica sean los puros o sáttvicos (fruta fresca y seca, verduras, ensaladas, yogur y leche natural, mantequilla fresca, trigo, centeno, cebada, avellanas, almendras, nueces, cereales integrales, miel), pues resultan una magnífica ayuda para el mantenimiento de nuestra salud física, mental y emocional.

PURIFICACIÓN MENTAL

La purificación mental se realiza en *tres niveles*. El *primer nivel* para limpiar y vaciar la mente consiste en observar los pensamientos sin identificarse con ninguno. En el *segundo nivel* de purificación mental hay que vaciar la mente por medio de la meditación, fundamentalmente de la *Meditación Gibberish* (el Giberish es una técnica profundamente catártica en la que se emiten sonidos sin ningún sentido, como modo de expresar todo aquello que llevamos dentro y necesitamos sacar al exterior). Por último, en el *tercer nivel* hay que movilizar la energía desde los chakras bajos hacia los altos, visualizando cómo sube la energía a través de la columna, al mismo tiempo que realizamos respiraciones profundas y relajadas.

PURIFICACIÓN EMOCIONAL

Para eliminar las emociones negativas y limpiarnos emocionalmente el Tantra nos propone una serie de medidas purificadoras, tales como:

- Cultivar la meditación diaria.
- Vivir el presente y el ahora y no apegarse a los recuerdos del pasado.
- Mantener una actividad dinámica para no caer en la desgana, el aburrimiento, la depresión o la pereza.
- Tratar de ser en todo momento positivos.
- Eliminar el miedo al futuro tomando conciencia de lo que verdaderamente es real y dándonos cuenta de que un pensamiento o una idea es tan sólo eso.

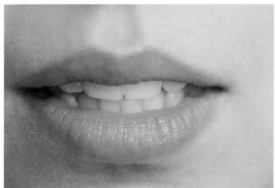

Podemos intensificar el sentido de gusto disfrutando de los labios de nuestra pareja.

- Controlar la ira y las disputas mediante la práctica de la catarsis emocional.
- No criticar a los demás. Frente a la crítica mostrar nuestra mejor creatividad.
- Disfrutar de la vida intensamente.

AGUDIZAR LOS SENTIDOS

Al agudizar los sentidos, estamos abriendo las puertas a una mejor y mayor percepción sensorial, a un mejor y mayor placer y a una mejor y mayor transformación interior. En definitiva, nos estamos adentrando en el Universo, al favorecer con el goce de nuestros sentidos nuestro camino hacia la Unidad con el Cosmos. Por esa razón, el Tantra fomenta el goce de los cinco sentidos del cuerpo físico (vista, olfato, gusto, oído y tacto), pues hacen que se conecte el sentido interno del Yo con el mundo externo de la experiencia.

En los antiguos textos tántricos, cada uno de los cinco sentidos está relacionado con el chakra correspondiente del cuerpo energético sutil y, al mismo tiempo, está gobernado por uno de los cinco elementos: tie-rra, aire, fuego, agua y espacio. Según el Tantra, todos los aspectos de la vida están regidos por esos cinco elementos y sólo se puede lograr la armonía si los cinco están en equilibrio. Al despertar y agudizar los sentidos, aportamos, precisamente, armonía y equilibrio a esos cinco elementos que actúan e influyen tanto en nuestro entorno como en nuestro interior.

Pero, ¿cómo podemos despertar y agudizar los sentidos? Podemos hacerlo, individualmente o en pareja, siendo plenamente conscientes de esos sentidos y llevándolos a la práctica en el día a día: mirando cada trocito de belleza que hay en la vida y se manifiesta a nuestro alrededor, sintiendo por medio del tacto la textura de los objetos, la piel de nuestra pareja bajo el roce de nuestras manos o la nuestra propia disfrutando del contacto del agua sobre ella, oliendo los maravillosos perfumes que nos regala la naturaleza y la fragancia natural de la gente que queremos, escuchando cada uno de los susurros y sonidos de la vida y disfrutando de los sabores de los alimentos.

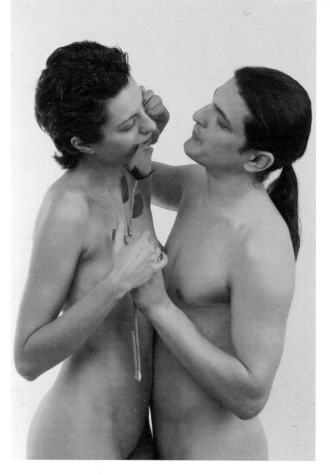

Recorrer todo su cuerpo, suave y delicadamente, desde arriba hacia abajo, hasta llegar a las zonas más erógenas, estimula el

sentido del tacto relacionado con el chakra del corazón y el elemento aire.

Además de la agudización cotidiana de los sentidos, también podemos intensificarlos mediante la realización de un ritual sensorial en pareja.

1.° Desnudos y sentados el uno frente al otro, nos acariciaremos mutuamente, empleando para ello las manos pero también telas suaves, plumas, líquidos, alimentos. En definitiva, todo aquello que pueda estimular nuestro sentido del tacto, que está relacionado con el chakra del corazón y el elemento aire.

2.° Relacionado con el chakra base y el elemento tierra, la mejor manera de intensificar el olfato es,

por supuesto, oliendo, olfateando mil y un aromas que podemos ofrecer a nuestra pareja, haciendo que huela desde nuestro propio cuerpo a perfumes, flores, frutas..., al mismo tiempo que se concentra en el olor manteniendo los ojos cerrados para intensificar su presencia.

3.° Nada más sugerente para intensificar el sentido del gusto, relacionado con el segundo chakra y el elemento agua, que disfrutar del sabor de la boca de nuestra pareja. Pero también podemos intensificar el gusto saboreando diferentes sabores (dulce, salado, amargo...) y texturas (crujiente, suave, blando...).

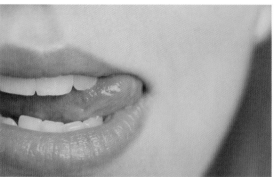

Nada más delicioso que saborear la boca de nuestra pareja para intensificar el sentido del gusto, relacionado con el segundo chakra y el elemento agua, parándonos en cada nueva sensación que podamos percibir.

4.° Para intensificar el sentido de la vista, relacionado con el sexto chakra y el elemento fuego, es necesario aprender a mirar. No se trata sólo de ver sino de mirar y descubrir esos pequeños detalles que a menudo nos pasan desapercibidos. ¿Cómo? Redescubriendo el cuerpo y el rostro de nuestra pareja y mirando con otros ojos los objetos que nos rodean, memorizando los detalles sensuales y estimulantes que nos sugieran sus formas y colores.

5.° Por último, para agudizar el sentido del oído, relacionado con el chakra de la garganta y el elemento espacio, debemos hacer algo similar a lo que hemos hecho con el sentido de la vista; es decir, aprender a escuchar en lugar de oír únicamente. ¿Cómo? Cerrando los ojos y dejando que los sonidos del entorno penetren en nuestro interior, escuchando música, campanas, instrumentos musicales, cuencos y, por supuesto, la voz de nuestra pareja mientras nos susurra palabras de amor.

EL AMOR A UNO MISMO: CÓMO CONECTAR CON EL «AMANTE INTERIOR»

¿Qué pasa con quienes no tienen pareja o con quienes tienen una pareja que no está por la labor de iniciarse en la sexualidad tántrica? Pues, sencillamente, que también pueden practicar la magia tántrica en solitario mediante la conexión con el Amante Interior que todos llevamos dentro.

Si bien podemos avanzar en el camino del Tantra haciendo el amor con nuestra pareja de la forma más intensa y sublime hasta experimentar el gozo en cada una de nuestras células y alcanzar la plenitud total, también si estamos solos podemos ir directamente a las fuentes, haciendo el viaje al revés; es decir, descubrir sin ayuda de nadie que esa plenitud existe ya en nuestro interior.

Podemos sentirnos enamorados de la Vida experimentando en nuestro interior su belleza, su fuerza y su plenitud, sintiéndonos parte de una inmensa belleza que está ahí fuera pero también dentro, que es la del Todo del que formamos parte. Al hacerlo, descubrimos que no estamos solos, que la Vida es nuestro mejor amante y que esa gracia que nos acompañará desde ese momento nos convertirá en los amantes más poderosos, haciendo que nuestra vida sea realmente mágica, pues el Tantra es, fundamentalmente, un camino iniciático de transformación interior, una senda mágica que trasciende la dualidad fusionando las dos polaridades, lo masculino y lo femenino, el espíritu y la materia, la razón y la intuición, lo individual y lo colectivo...

LA MASTURBACIÓN CREATIVA

En el proceso de conexión con el Amante Interior que llevamos dentro, la práctica de la masturbación puede convertirse en una meditación tántrica, en un trampolín hacia el despertar espiritual, pues nos permite *entrar* en nuestro cuerpo y *abandonar* la cabeza. Al margen de los prejuicios y tabúes que siempre han existido en torno a la masturbación, lo cierto es que esta práctica puede resultar de gran ayuda para resolver problemas personales como angustia, estrés o baja autoestima. Conocer y disfrutar de nuestro propio cuerpo es el punto de partida para conocer y disfrutar del cuerpo de nuestra pareja y, también, para enseñarle qué es lo que más nos gusta y que nuestro amante pueda hacérnoslo. Sin embargo, como demasiada eyaculación vacía la reserva de energía, el Tantra aconseja no eyacular en el caso del hombre o no alcanzar el clímax en el caso de la mujer.

Para practicar la masturbación creativa se necesita desarrollar la imaginación. Tenemos que sentirnos totalmente libres y sin temor a experimentar cualquier tipo de fantasía que nos lleve a despertar la energía sexual. Cualquier estímulo es bueno para ello, pues lo importante es el grado de excitación y no la forma de conseguirlo.

Antes del ritual de la masturbación, de igual manera que hacemos al practicar otros rituales sexuales, es

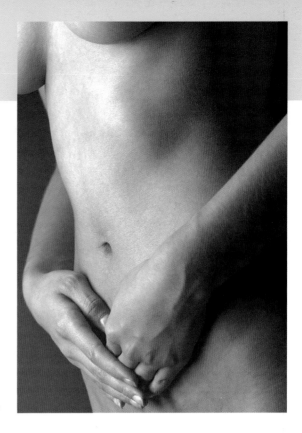

Conocer nuestro cuerpo nos puede ayudar a conocer el de nuestra pareja y enseñarle qué es lo que más nos gusta.

conveniente purificar el cuerpo dándose una ducha o un baño y aplicándose después un masaje con unas gotas de aceite esencial aromático. Después, tumbados sobre la cama, nos acariciaremos sensualmente todo el cuerpo y dejaremos que nuestros dedos exploren suavemente el Yoni o el Lingam y descubran mil y una formas de placer, muy lentamente, sin tener ninguna prisa por alcanzar el orgasmo y disfrutando al máximo de las sensaciones sexuales, respirando profunda y relajadamente cuando nos acerquemos al éxtasis para frenar la excitación y, al mismo tiempo, conseguir que la onda orgásmica se desplace por todo nuestro cuerpo.

Debemos mantener la masturbación hasta llegar a un punto cercano al orgasmo y, cuando la energía se encuentre en la cima, concentrarnos en nuestra respiración y dirigir esa energía hacia arriba por la columna hasta el punto que deseemos; es decir, si nuestra energía está baja la dirigiremos hacia el corazón y, si queremos sumergirnos más profundamente en la espiritualidad, hacia el «Tercer Ojo».

La pareja
EN ARMONÍA

NO HAY NADA MÁS DIFERENTE que una mujer y un hombre, pues ambos son la expresión pura de la dualidad permanente en el cosmos, del yin y el yang, de lo femenino y lo masculino, de la noche y el día, de la oscuridad y la luz, del frío y del calor. Debido a esa dualidad, él y ella podrían estar irremediablemente condenados a no entenderse nunca si no fuera porque, precisamente, la magia del amor y del sexo se basa en la atracción de los opuestos. Es decir, son estas diferencias las que hacen que se unan las parejas pero, también, que discutan o se separen, pues los amantes son como los dos polos de la energía eléctrica que, si canalizan adecuadamente sus energías juntas pueden producir luz, fuerza, magia y poder, pero si se juntan los cables sin ninguna precaución, tan sólo habrá interferencias, chispazos y enfrentamientos.

A través de la magia del amor y del sexo los opuestos están destinados a entenderse.

El secreto de saber convivir en armonía consiste en convertir esas diferencias que pueden ser un motivo de disputa o de separación en un motivo de unión, en lugar de dejarnos llevar por nuestros instintos más primarios. Los problemas y conflictos a los que se enfrenta una pareja son algo natural, pero no tienen que tener como consecuencia la pérdida del amor, sino que son retos que hay que saber afrontar juntos conscientemente, con amor, comprensión y comunicación, y con algunas técnicas, como la meditación, que les sirvan de ayuda para recuperar y afianzar la armonía en pareja.

EL EQUILIBRIO ENTRE EL TÚ Y EL YO

La armonía en la pareja no sólo es producto del amor original, del enamoramiento, sino que hay que saber conquistarla, ganársela, poco a poco, día a día, fortaleciendo la confianza mutua, estrechando aún más el sentimiento de lealtad y desarrollando la capacidad de comunicación. Estos tres pilares son la base de una relación de pareja sólida, pues lo importante no es sólo que permanezca el amor sino que éste continúe brillando o, mejor aún, aumente su luminosidad.

De modo que, partiendo del amor y de los tres pilares que lo sustentan (confianza, lealtad y comunicación), para conseguir la armonía en la pareja es necesario encontrar un equilibrio entre el tú y el yo, pues sólo permanecen las relaciones equilibradas, ya que es imposible que una pareja pueda subsistir si uno solo de sus miembros tiene que sacrificarse por el otro.

LA COMUNICACIÓN TÁNTRICA: EXPRESARSE SIN HERIR Y ESCUCHAR COMPRENDIENDO

La armonía en la pareja es algo que hay que cultivar todos los días, fortaleciendo la confianza mutua y desarrollando la capacidad de comunicación.

El Tantra tiene una visión global del ser humano y también de la vida, por eso la sexualidad no es tan sólo una cuestión genital, pues implica todo nuestro ser, desde la piel hasta los pensamientos, si realmente queremos alcanzar el éxtasis supremo. De igual modo, sucede con las habilidades de comunicación que deben desarrollar los amantes tántricos.

La comunicación tántrica es algo que va más allá de las palabras, pues aunque necesitamos comunicarnos mediante el lenguaje para decirnos lo que pensamos, sentimos y deseamos, y para compartir los sueños y las preocupaciones, muchas veces las palabras no pueden expresar todo lo que llevamos dentro y queremos comunicar. Por eso, es necesario acudir también a la comunicación emocional, pues con frecuencia un gesto, un mirada, una caricia o, incluso, una postura dicen más que muchas palabras.

Desarrollar las habilidades de comunicación emocional, es decir, saber comunicar y escuchar los sentimientos de nuestra pareja es muy importante para lograr la armonía en la pareja, pues es necesario ir más allá de las palabras ya que, muchas veces, no somos capaces o no encontramos las palabras más adecuadas para expresar nuestros sentimientos, sobre todo si estos son de dolor, rabia, tristeza...

Para desarrollar las habilidades de comunicación emocional; es decir, para saber ir más allá de las palabras y comprender la emoción que las ha provocado, tenemos que actuar en dos niveles diferentes pero complementarios:

Por un lado, siendo conscientes de que cuando expresamos nuestros sentimientos las palabras pueden cargarse de agresividad y herir a nuestra pareja y que, por lo tanto, debemos cuidar más lo que decimos para no herir al otro. Además, quien escucha debe saber ir más allá de las palabras que diga su pareja y comprender que surgen de la tristeza, la rabia o el dolor, pues en ocasiones la confianza que hay entre la pareja, precisamente, hace que sus miembros muestren su enfado o pensamientos negativos de una forma más natural con

A través de una mirada, de una caricia o de un gesto podemos comunicarnos mucho más que a través de las palabras.

La comunicación emocional surge de una forma espontánea y natural, pero necesitamos desarrollarla y fortalecerla.

palabras hirientes y desagradables, aunque no lo hagan de una forma consciente y deliberada.

Por otro lado, la comprensión de los sentimientos, tanto los nuestros como los de nuestra pareja, es tan necesaria como saber expresarlos de la mejor manera posible, ya que todo sentimiento negativo guardado es agua podrida que se queda dentro del cuerpo y pone en peligro no sólo la relación de pareja sino también nuestra salud.

Los practicantes del Tantra tienen que intentar ser conscientes de lo que dicen y hacen pero también ser comprensivos con la persona amada. En definitiva, desarrollar las habilidades de comunicación emocional tántrica es estar dispuestos a escuchar serenamente sentimientos desagradables o reproches emitidos por nuestra pareja y también saber expresar nuestras propias afirmaciones con las mejores palabras posibles.

NO CULPAR A NUESTRA PAREJA DE NUESTROS PROPIOS SENTIMIENTOS

La comunicación emocional se produce entre la pareja sin apenas darse cuenta porque va más allá de las palabras. El estado de ánimo influye en uno y viceversa, creando cierta confusión, la cual nos puede hacer llegar a pensar que nuestra pareja es culpable de nuestros propios sentimientos.

Cuando nuestra comunicación emocional es desequilibrada y deficiente podemos caer en la trampa de hacer responsable a nuestra pareja de nuestros propios sentimientos. Así, con frecuencia, llegamos a pensar: «Estoy triste porque no me comprende». Pero la realidad es muy diferente, ya que no estamos tristes por culpa del otro, sino porque nosotros queremos, porque no sabemos controlarnos, al margen de que nuestra pareja nos comprenda o no.

PARAR A TIEMPO LOS CONFLICTOS EMOCIONALES

Teniendo en cuenta que la pasión y la emoción no tienen nada que ver con la lógica y la razón, es frecuente que las palabras, por razonables que sean, no puedan controlar siempre los sentimientos desbordados y la falta de armonía. Incluso, en ocasiones, es mejor dejar de hablar; reconocer la falta de empatía de ese momento y trabajar para restablecerla pero sin tocar el tema que ha provocado el conflicto.

De esta forma, en lugar de continuar discutiendo, lo mejor que podemos hacer es dejar pendiente la disputa que ha surgido y realizar juntos ejercicios de armonía, tales como la respiración fortalecedora o la meditación, para retomar el diálogo cuando estemos más serenos.

Para superar los conflictos hay que saber colocarse en el papel del otro y no intentar convencerle de nuestro punto de vista.

ES MEJOR VIVIR EN ARMONÍA QUE TENER RAZÓN

La principal regla tántrica para mantener el equilibrio en la pareja es ser consciente de que es mucho mejor vivir en armonía que tener razón. En lugar de paralizarnos en interminables disputas con nuestra pareja tratando de convencerla de algo, lo mejor es ser conscientes de la espiral de agresividad en la que estamos cayendo y saber pararla, renunciando a con-

La meditación fortalecedora es una forma de comunicación física que debe realizarse dos veces al día, al levantarnos y al anochecer, y nos permite una comunión plena.

ambos estarán dispuestos a que la sabiduría medie en sus relaciones. Es decir, sabiendo que ninguno pierde su razón, que ninguno tiene que ceder más que el otro, puesto que ambos aceptan una sabiduría superior que da un mayor sentido y solidez a su relación de pareja.

Desarrollar las habilidades de comunicación tiene una dimensión global en el Tantra, pues no se trata sólo de aprender a hablar o a expresar los sentimientos con confianza sino que la pareja también tiene que aprender a comunicarse energéticamente, a niveles de chakras y energías internas, trabajando juntos los sueños, la intuición y los sentidos psíquicos. Es abrirse a un nuevo universo, donde el amor y la relación entre la pareja alcanzan un nivel muy superior. Pero para llegar a este nivel no es suficiente con el amor y los buenos sentimientos, es necesario que ambos amantes se entreguen a una serie de prácticas tántricas que les ayuden a crecer más y canalicen su evolución personal, tales como los rituales eróticos o la meditación fortalecedora.

LA MEDITACIÓN FORTALECEDORA

La meditación fortalecedora es, sin duda, uno de los más profundos secretos tántricos, pero también más simples, para lograr que la energía amorosa se mantenga en una relación de pareja. Es, fundamentalmente, una forma física de comunicación que los practicantes del Tantra deben realizar al menos dos veces al día, durante diez minutos.

vencer a la otra persona para no seguir perdiendo el tiempo en discusiones inútiles.

Comprender que cuando surge el enfrentamiento es prioritario controlarlo en lugar de tratar de convencer al otro es posible para cualquier pareja pero, sin duda, es mucho más fácil para los amantes tántricos, pues

A través de la comunicación íntima podemos alcanzar otras formas de conectar con nuestra pareja, que nos permitan comprenderla y acercarnos cada vez más a ella.

A través de las caricias y el contacto con nuestra pareja
alcanzamos un profundo grado de relajación y comunión
espiritual.

Si se comienza cada día con esta meditación, no sólo recargamos a nuestra pareja con parte de uno mismo y reafirmamos la relación, sino que también empezamos el día con amor, creando un ambiente maravilloso al levantarnos, y obtenemos una energía extra para afrontar el nuevo día. Por el contrario, si realizamos la meditación fortalecedora al anochecer, nos desprenderemos del cansancio y de todas las tensiones acumuladas a lo largo del día, volveremos a reafirmar nuestra relación de pareja e, incluso, estaremos más abiertos a mantener una relación sexual extraordinaria. Pero lo realmente importante no es cuándo practicar esta meditación, sino convertirla en parte de nuestra rutina diaria.

Aunque el final de la meditación fortalecedora pueda ser de índole sexual, pues a través de esa íntima conexión se da lugar a una atmósfera y a una actitud en la pareja proclive al acto sexual, ya que se tiene una sensualidad más abierta que antes de comenzar la medi-tación, el objetivo de esta íntima conexión no lo es, sino que se trata de que ambos miembros de la pareja se nutran el uno al otro, intercambiando su propia energía. En definitiva, a través de la meditación fortalecedora, la pareja puede comunicarse en tres niveles: conscientemente, piel a piel; a nivel respiratorio, respiración a respiración, más sutil que el anterior; y del modo más íntimo, chakra a chakra.

LA MEDITACIÓN FORTALECEDORA, PASO A PASO

Para llevar a cabo esta práctica meditativa, el hombre y la mujer se tumbarán de costado y juntos, como en la postura tántrica de «Las cucharas»; es decir, quien esté dentro le dará la espalda a quien esté fuera, papeles que se invertirán en función de las *necesidades nutritivas* de cada uno de los miembros de la pareja. De modo que, estará dentro quien se encuentre más cansado o haya sufrido un mayor estrés a lo largo del día, y el de fuera, ya sea hombre o mujer, envolverá con sus brazos a quien esté dentro, cumpliendo de esta forma con el propósito fundamental de la meditación fortalecedora: crear el equilibrio necesario para la armonía en pareja, pues al favorecer su sincronía y ajustar sus energías separadas, se logra que ambos vibren en la misma frecuencia.

La postura para la práctica de la meditación fortalecedora puede variar ligeramente de una pareja a otra, dependiendo de sus gustos y, también, el tamaño y patrón físico de cada uno de los amantes. Pero, ya sea de una manera u otra, lo importante es que ambos se encuentren cómodos. Así, por ejemplo, si ella le está sujetando a él, su mano derecha puede apoyarse sobre el vientre (tercer chakra) o los genitales (segundo chakra) de su compañero, mientras que el brazo izquierdo puede ponerlo por debajo de la nuca (es conveniente que la cabeza, en este caso del hombre, descanse sobre una almohada, para que ella pueda mover bien su brazo) y su mano izquierda colocarla sobre el pecho (cuarto chakra) o la frente (sexto chakra) de su pareja.

Una vez tumbados en esta posición, el hombre y la mujer cerrarán los ojos y se relajarán, tranquilizando sus mentes y concentrándose en la respiración, en el camino que recorre su *aliento vital*.

RESPIRACIÓN ARMONIOSA Y RESPIRACIÓN SINCRONIZADA

En la meditación fortalecedora hay dos técnicas de respiración: la respiración armoniosa, que se utiliza durante los primeros minutos de la meditación, consistente en que ambos amantes inspiren juntos, mantengan la respiración juntos, espiren juntos, y se controlen sin inspirar a la vez. Durante esta respiración armoniosa, quien está dentro es el cuerpo receptivo, el que acepta la energía con cada inspiración, mientras que quien está fuera es el dador, y debe, en cada espiración, proyectar la energía de cada uno de sus chakras desde la parte delantera de su propio cuerpo hacia la parte trasera del de su pareja.

En la meditación fortalecedora el hombre y la mujer se tumban de costado, tocando con sus manos los chakras más importantes, y permanecen así relajando sus mentes.

En la respiración armoniosa hay que practicar tres respiraciones completas (inspirando, manteniendo, espirando y manteniendo) en cada chakra, empezando por el chakra del corazón o cuarto chakra (Anahata), ubicado en la parte superior del pecho, en la zona del corazón, continuando por el sexto chakra (Ajña), denominado también el «tercer ojo», que está localizado en el centro de la frente, concretamente en el entrecejo, justo encima del nivel de los ojos, y terminando por el chakra base o primer chakra (Muladhara), localizado en la base de la médula espinal o Sushumna, entre los genitales y el ano. Después, nos concentraremos en los otros chakras pero por orden ascendente,

En la respiración armoniosa hay que practicar tres respiraciones completas en cada chakra, empezando por el chakra del corazón.

pasando de largo los chakras del corazón y del «tercer ojo». Además, en la respiración armoniosa es muy importante que el hombre y la mujer se concentren en los mismos chakras a la vez.

La segunda técnica de respiración que se utiliza en la meditación fortalecedora es la denominada respiración de carga recíproca o respiración sincronizada, en la que mientras uno inspira el otro espira, de manera que, durante los segundos en que se mantiene la respiración, uno de los miembros de la pareja contendrá el aliento que ha inspirado y el otro se mantendrá en el momento en que ha expulsado el aire. Durante la práctica de la respiración sincronizada o respiración de carga recíproca es necesario ser consciente en todo momento de la energía que recibimos por parte de nuestra pareja y, también, de la energía que devolvemos.

LA VUELTA DE LA ARMONÍA

La consecuencia de la meditación fortalecedora es la vuelta de la armonía, pues al ser conscientes tanto de nuestra propia respiración como de la de nuestra pareja e intentar serenarla juntos por medio de la meditación, no sólo conseguimos aquietar nuestra angustia sino que permitimos que nuestros pensamientos negativos se alejen y, al centrarnos en la luz y el amor, cambiamos el enfado por la paz; en definitiva, por la armonía.

Así, una vez hayamos restablecido la armonía, podemos volver a retomar el diálogo interrumpido pero con más serenidad y comprensión y, sobre todo, sin buscar un culpable, siguiendo una de las grandes máximas del Tantra, la de aceptar la vida como se manifiesta, sin juzgarla y sin querer cambiarla. Por eso, de igual modo que nos enfrentamos ante la vida, debemos hacerlo con nuestra pareja; es decir, no juzgándola y, mucho menos, haciendo que se sienta culpable, pues nadie es culpable, tan sólo hay desarmonías que podemos solucionar aumentando la armonía en nuestra pareja.

¿Cómo? Pues, sencillamente, en primer lugar dándonos cuenta de que hemos quebrantado esa armonía y renunciando a imponer nuestras razones, ya que lo más importante es restablecer el equilibrio. Después, haciendo algo juntos, en lo que no medien las palabras, como, por ejemplo, una meditación fortalecedora, para volver a encontrar la paz con nosotros mismos y la armonía perdida en pareja. Y, por último, retomando el diálogo interrumpido pero ahora sin culpas ni agravios, buscando soluciones, compromisos o un punto medio entre ambas posiciones.

Al final de la meditación fortalecedora recobramos la armonía y nos sentimos íntimamente unidos con nuestra pareja.

La magia del masaje
TÁNTRICO

En el masaje tántrico es más importante la sensación de ternura y cariño que transmitimos a nuestra pareja que los movimientos realizados.

UNO DE LOS LENGUAJES MÁS IMPORTANTES del amor es sin duda el tacto, pues a través de las manos podemos entrar en contacto con los niveles físico, emocional y espiritual de nuestra pareja, fundiendo nuestra energía en la suya. El masaje tántrico, además de ser una maravillosa forma de venerar y respetar el cuerpo de nuestro amante, puede ser también un exquisito preludio del acto sexual tántrico o Maithuna.

LA COMUNICACIÓN A TRAVÉS DEL TACTO

En el masaje tántrico no es tan importante la realización de unos movimientos determinados como la sensación de ternura y cariño que puedan transmitir nuestras manos a nuestra pareja. Por eso, es fundamental dejarse llevar por la intuición y el corazón, que nos indicarán acertadamente dónde y cómo tocar a nuestro amante, así como cuándo debemos parar o,

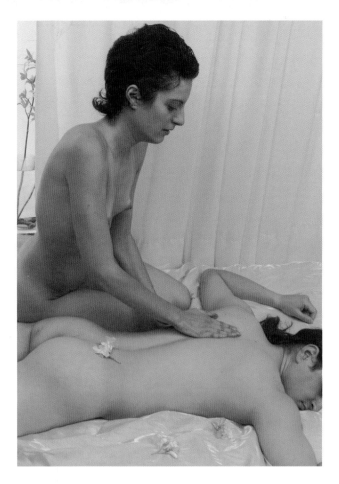

El uso de aceites aromáticos refuerza los efectos del masaje, porque aumenta la sensibilidad y crea un ambiente idóneo para la intimidad.

por el contrario, intensificar el roce, siempre teniendo en cuenta que se trata de buscar el placer y no de llegar al orgasmo, aunque este puede sobrevenir, pero no es el fin, en sí mismo, del masaje tántrico.

El uso de aceites o lubricantes aromáticos refuerza los efectos del masaje, no sólo porque la aromaterapia aumenta la sensibilidad y crea un ambiente idóneo para la intimidad, sino también porque nuestras manos se deslizarán mejor sobre la piel de nuestra pareja. Aunque se puede utilizar cualquier aceite o lubricante, siempre reforzaremos los efectos del masaje tántrico si empleamos aceites esenciales aromáticos como, por ejemplo, el de romero, limón o mandarina, que estimulan los sentidos. También son muy indicados para aplicarlos en este tipo de masaje el aceite esencial de rosa, especialmente voluptuoso y sensual, que calma o excita según esté en ese momento el estado de ánimo de la perso-

na, además de actuar favorablemente en quienes sufren disfunciones sexuales, al igual que el aceite esencial de ylang-ylang. Y si queremos potenciar el disfrute y goce de las caricias sensuales, podemos optar por el aceite esencial de incienso, de fragancia muy intensa, que se puede utilizar también para aromatizar el ambiente de la habitación donde se vaya a dar el masaje, creando una atmósfera cálida y acogedora.

En cuanto a la habitación donde apliquemos o recibamos el masaje, debe ser ante todo acogedora y tranquila y, por supuesto, estar libre de interrupciones. La temperatura tiene que ser agradable, ni fría ni demasiado calurosa. Por lo que respecta a la iluminación, es mejor una luz suave y matizada. La iluminación más apropiada y sensual es la de las velas. Es mucho mejor dar y recibir el masaje en el suelo sobre un colchón o sobre unas mantas dobladas que en la cama, que resulta demasiado blanda, y conviene tener a mano toallas y sábanas para limpiarse y taparse si se siente frío. También es aconsejable el uso de cojines o almohadones para estar mucho más cómodos. Por último, una música romántica y sensual pondrá el toque exquisito, siempre que la pongamos a un volumen bajo, aunque también podemos optar por estar en silencio y tan sólo escuchar el sensual ruido de nuestra respiración y la de nuestra pareja.

Aunque hay zonas específicas de nuestro cuerpo, como los órganos sexuales, para las que el masaje tántrico tiene un tratamiento especial, todo el cuerpo de nuestro amante puede ser objeto de masaje. El suave y sensual roce de nuestras manos puede comenzar por los pies, continuar por las piernas hasta llegar a las ingles, insinuarse alrededor de los genitales, transmitir nuestra energía en el abdomen, concentrarse a lo largo de la columna, desde el coxis hasta la nuca, maravillarse con los senos y desplegar toda la ternura de la que seamos capaces en el rostro y la cabeza de nuestra pareja.

En el masaje tántrico trasmitimos toda nuestra ternura a través de las manos en contacto con la piel de nuestra pareja.

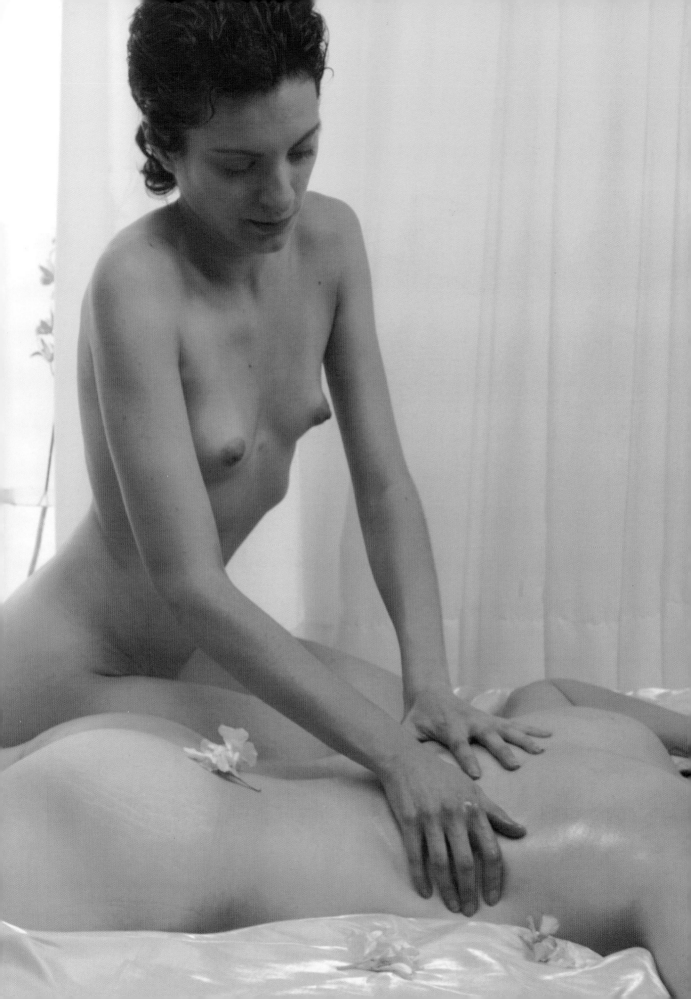

MASAJE DEL LINGAM
(ÓRGANO SEXUAL MASCULINO)

Para denominar al órgano sexual masculino, el Tantra utiliza el término lingam, una palabra sánscrita que significa *Báculo de Luz*; es decir, el canalizador de la energía y el placer. Dentro de las prácticas sexuales tántricas, el masaje del lingam tiene como propósito relajar al hombre y llevarlo a contactar con su lado más sensible. De esta forma, la relación sexual de la pareja se vuelve mucho más respetuosa y además se establece un intercambio en los papeles tradicionales del hombre y la mujer, intercambio que resulta especialmente sano para que se produzca una mayor apertura de la mente.

Por otro lado, el masaje del lingam, al fortalecer los vínculos de intimidad entre los dos miembros de la pareja, es una magnífica terapia para superar traumas o experiencias negativas sexuales que la pareja o uno de sus miembros haya tenido o pueda tener hacia el sexo. Por eso, el orgasmo y la eyaculación no son el objetivo primordial de este masaje, sino la exploración de una nueva forma de placer que no esté condicionada por factores tradicionales como alcanzar, precisamente en ese momento, el clímax.

Para realizar el masaje del lingam es muy importante que antes haya una preparación previa tanto espiritual como física. Como punto de partida, es aconsejable que la pareja se de una ducha o, mejor aún, un baño relajante. Una vez purificados con el ritual del agua, ambos harán varias respiraciones profundas y tratarán de vaciar el intestino, pues esta maravillosa experiencia sexual resulta mucho más placentera si estamos limpios y purificados por dentro y por fuera.

Una vez purificados, la pareja irá tomando contacto lentamente. Primero, mirándose a los ojos y, después, acercándose el uno al otro y abrazándose y acariciándose suave y tiernamente, de modo que se vayan derribando, poco a poco, las posibles barreras o murallas que puedan estar separando a la pareja.

A continuación, el hombre se tumbará boca arriba, recostando su espalda sobre unos almohadones que le levanten el torso y la cabeza, y colocará las piernas cómodamente separadas y con las rodillas un poco dobladas, de forma que los genitales queden bien expuestos para que el masaje sea totalmente efectivo. Como durante el masaje del lingam el hombre tiene que asumir una posición pasiva, que no suele ser muy habitual en él, la mujer ha de procurar en todo momento que no se mueva. Para ello, le mirará a los ojos, le recordará que respire profundamente y le pedirá que se deje satisfacer por sus caricias.

Debemos masajear el cuerpo de nuestra pareja, primero por las zonas más alejadas de los órganos sexuales, hasta irnos aproximando poco a poco y de una forma muy sutil.

La mujer, tomando un poco de lubricante, lo aplicará en el lingam y los testículos, y con suma delicadeza, comenzará el masaje por los testículos y el escroto, buscando que toda esa zona se relaje. Después, acariciará suavemente la pelvis y el perineo. A continuación, acariciará el *cuerpo o asta* del lingam, variando la presión y la velocidad, para que la estimulación resulte más placentera. Después, con la mano derecha presionará la base del lingam y deslizará su mano hacia arriba y hacia abajo, alternando la mano derecha con la izquierda. Tras realizar estos movimientos durante cierto tiempo, pasará a presionar la cabeza del lingam, alternando ambas manos. A continuación, masajeará la cabeza del lingam como si se fuera a exprimir una fruta.

Si la mujer notase que su pareja está a punto de eyacular o llegar al orgasmo, parará un poco la estimulación, pues este no es el objetivo del masaje del lingam, ya que para el Tantra retrasar lo más posible el momento de eyaculación es una forma de obtener más placer y, también, de que el hombre pueda llegar a ser multiorgásmico.

Después de un tiempo de descanso para evitar la eyaculación, la mujer pasará a masajear el perineo o *Punto Sagrado*, que se encuentra entre el ano y los testículos, con la mano izquierda mientras que con la mano derecha continuará acariciando el lingam, teniendo especial cuidado en el perineo, pues esta zona es muy delicada y podría ocasionarle dolor a su pareja.

Otra opción, especialmente estimulante, es masajear ese *Punto Sagrado* internamente por el ano. Sin embargo, para realizar este tipo de masaje, aunque muy gratificante, debemos contar con la total aprobación de nuestra pareja ya que, por lo general, debido a una serie de prejuicios milenarios, el hombre cree que puede ser cuestionada su virilidad, por lo que suele rechazar este tipo de experiencias. Pero si él está de acuerdo y no representa un problema para la mujer, ella, introduciendo un dedo, previamente lubricado, en el ano, buscará la próstata hacia el frente, moviendo el

Antes de empezar el masaje de los genitales es conveniente masajear toda la espalda y los glúteos.

dedo hacia la palma de su mano y, si él lo desea, le estimulará el lingam al mismo tiempo, pero sin permitir, en un principio, que llegue al orgasmo. Después, transcurrido un tiempo, si su pareja siente ya un enorme deseo de llegar al clímax, le dejará llegar, pero recordándole que respire profundamente mientras lo experimenta, para que de esta manera sea fantástico.

Finalizado el masaje del lingam, la pareja se quedará tiernamente abrazada el tiempo que desee o, si él lo prefiere, ella le dejará solo para que saboree en la más estricta intimidad la plenitud de su cuerpo y la maravillosa experiencia que acaba de tener.

MASAJE DEL YONI (ÓRGANO SEXUAL FEMENINO)

En sánscrito, el yoni es la vagina y significa *Templo Sagrado*. A través del masaje del yoni, el Tantra pretende que la mujer se relaje antes de la unión sexual y que pueda disfrutar de sus deseos libremente para que se despierten en ella todos sus sentidos. El masaje del yoni, al igual que el del lingam, crea entre la pareja todo un vínculo de intimidad y confianza que hace que la cópula o coito sea después mucho más natural. Este tipo de masaje está especialmente recomendado cuando la mujer tiene algún trauma o prejuicio que le limita su capacidad sexual para sentir placer.

El masaje puede realizarse de pie, insinuando posturas que sirven de preámbulo al acto sexual.

Por otro lado, el masaje del yoni también resulta muy importante para el hombre, ya que este experimenta un gran placer al observar las reacciones apasionadas de su compañera. Ahora bien, tanto el hombre como la mujer deben tener en cuenta que con el masaje del yoni no se pretende provocar el orgasmo, aunque a veces pueda sobrevenir, pues lo fundamental es provocar placer al yoni y que la mujer disfrute sin pensar ni sentir ningún tipo de tensión por alcanzar el objetivo del orgasmo. Con el masaje del yoni, la mujer puede llegar a liberarse de muchas tensiones y a sentirse dueña de su cuerpo al verse profundamente respetada por el hombre al que ama, que disfrutará tan sólo observándola y proporcionándole placer, al tiempo que se olvida de su propio deseo.

Del mismo modo que sucede con el masaje del lingam, la preparación para el masaje del yoni es también muy importante, por lo que ha de realizarse tal como se lleva a cabo para el masaje del órgano masculino, purificándose ambos miembros de la pareja, física, mental y emocionalmente. Una vez purificados, ella y él irán tomando contacto lentamente, mirándose a los ojos, reconociendo sus cuerpos, abrazándose y acariciándose delicada y amorosamente, de modo que se sientan seguros y desinhibidos.

Después del acercamiento, la mujer se acostará sobre su espalda, apoyando la cabeza sobre uno o varios almohadones para poder mantener contacto visual con su pareja y, al mismo tiempo, observar sus propios genitales. Para ello, también es conveniente que coloque un almohadón bajo su cadera. Deberá tener las pier-

El masaje del yoni es muy estimulante para la mujer, que puede indicar a su pareja cómo hacerlo, incluso pueden hacerlo juntos.

Para la mujer es fundamental estimular el yoni de una forma profunda antes de iniciar una aproximación mayor.

Debemos explorar palmo a palmo cada parte del cuerpo de nuestra pareja, de forma que se encuentre completamente relajada y se abandone a nuestras caricias.

nas totalmente separadas y un poco dobladas, para que los genitales estén bien expuestos y su compañero pueda darle el masaje con facilidad. Por su parte, el hombre se sentará entre las piernas de ella, con las piernas cruzadas o, mejor aún, en posición de loto.

Nunca hay que comenzar a realizar el masaje directamente en el yoni, sino que se deben acariciar antes otras partes del cuerpo como las piernas, las ingles, los senos, el abdomen, la pelvis..., e irse acercando, poco a poco, al *Templo Sagrado*, para que la mujer se vaya acostumbrando a las caricias y desinhibiéndose al placer. Una vez la mujer haya derribado sus propias barreras, el hombre le aplicará un poco de aceite o lubricante en el Monte *de Venus*, cubriendo toda la parte externa del yoni e, incluso, los labios mayores. La apli-

cación del aceite o lubricante en esta zona, además de calentarla, potenciará las sensaciones estimulantes y placenteras de su compañera.

Tras el calentamiento, el hombre procederá a masajear el *Monte de Venus* y los labios mayores, lenta y suavemente. Luego, con los dedos índice y pulgar, él cogerá delicadamente uno de los labios mayores y lo apretará, deslizándose también al otro labio mayor. De igual manera, cogerá y apretará los labios menores.

Mientras el hombre está masajeando los labios mayores y menores de su compañera, ella puede acariciar sus senos o, simplemente, disfrutar de las sensaciones que le lleguen, sin olvidarse, en todo momento, de respirar profundamente. También es muy importante que durante el masaje ambos miembros de la pareja se miren e, incluso, establezcan una comunicación verbal íntima y sensual, pudiéndole ella indicar a él qué es lo que más le gusta, cómo prefiere que le acaricie o qué es lo que le hace sentirse más satisfecha.

Después, el hombre, ayudándose de los dedos índice y pulgar, acariciará el clítoris de la mujer, con mucha delicadeza y con movimientos circulares, siguiendo las agujas del reloj, primero en un sentido y luego en el otro. Como con este tipo de caricias, es posible que ella se excite bastante, él deberá tranquilizarla y recordarle que respire profundamente.

A continuación y teniendo sumo cuidado, el hombre introducirá el dedo medio de su mano derecha (es importante utilizar la mano derecha, ya que así se mantiene la polaridad energética que indica el Tantra) en el yoni de su compañera y explorará su interior, cambiando de velocidad, presión y dirección. Dirigiendo la palma de la mano un poco hacia arriba y moviendo el dedo que está introducido en el interior del yoni hacia la palma, alcanzará el llamado punto G (*Punto Sagrado*), lo que le producirá a su compañera un gran placer. Otra variante es introducir el dedo anular, en lu-

El masaje puede empezar como un juego antes de aventurarse a una estimulación más profunda.

gar del dedo medio, y masajear el interior del yoni, mientras que con el pulgar se estimula, al mismo tiempo, suavemente el clítoris. Siempre que la mujer esté dispuesta y preparada, el hombre podrá pasar al siguiente nivel e introducir el dedo meñique de la mano derecha, previamente lubricado, en el ano de su pareja. Según el Tantra, esta práctica, en concreto, supone sostener los misterios del Universo en la mano.

Durante el masaje del yoni, el hombre puede estimular, con su mano izquierda, el clítoris o los senos de la mujer, pero no es recomendable que se toque a sí mismo, ya que puede perder la concentración. Además, es muy importante que ambos mantengan el ritmo de la respiración, que se miren a los ojos y que no tengan ninguna prisa ni tensión, y tan sólo se dediquen a disfrutar plenamente del *momento presente*.

Si durante el masaje del yoni, la mujer rompiese a llorar, debemos considerarlo algo totalmente normal pues, al estar siendo alteradas sus emociones más profundas, es lógico que ante la liberación o el inmenso placer que la embarga, sienta instintivamente ganas de llorar. También es bastante probable que pueda llegar a tener uno o varios orgasmos (muchas mujeres desarrollan la capacidad multiorgásmica gracias a las prácticas tántricas). En tal caso, si ella lo desea, se puede continuar con el masaje, una vez haya recuperado el ritmo de la respiración. Por el contrario, si ella decide no continuar con el masaje, el hombre deberá detenerse suavemente y, siendo respetuoso con su amada, retirar la mano de su yoni.

Finalizado el masaje del yoni, llega el momento de disfrutar en pareja de la profunda intimidad que se ha creado entre ambos. Permanecerán tiernamente abrazados el tiempo que deseen o prodigándose caricias, besos y tiernas palabras si así lo prefieren.

Debemos intercambiar los papeles de dador y receptor de caricias.

Danza y yoga para
LIBERAR LA
ENERGÍA

DANZA TÁNTRICA: LA MEDITACIÓN DINÁMICA

LA DANZA ES UNA FORMA MARAVILLOSA de comunicación. Al danzar, nos comunicamos con los otros utilizando un lenguaje en el que no tienen cabida las palabras, un idioma que nos sale del corazón en vez de la garganta y que para expresarse emplea el movimiento y la alegría del cuerpo.

Pero la danza no es sólo comunicación, es también liberación y emoción. Al danzar, no sólo nos liberamos de las tensiones que nos agarrotan sino que también podemos expresar nuestras emociones más profun-

El lenguaje corporal de la danza nos permite comunicarnos
sin palabras, a través de la liberación y la emoción.

Al danzar estamos recreando comportamientos ancestrales, de nuestra etapa tribal.

das, ya que la danza, al liberar endorfinas y aumentar la dopamina, consigue que nos sintamos más relajados y motivados a la vez, siendo por tanto una magnífica terapia contra la ansiedad y la depresión.

En torno a la danza

El hombre ha danzado desde el principio de los tiempos y ha interpretado la danza como parte de la magia del Universo. Por eso, cada vez que bailamos, sea de la forma que sea, estamos evocando comportamientos ancestrales, gestos y recuerdos de nuestra etapa tribal, donde la danza era la forma más básica de celebrar cualquier acontecimiento.

Desde la antigüedad, los seres humanos han buscado mediante la práctica de la danza la integración del cuerpo, la mente y las emociones en un gozoso éxta-

sis. Los hombres danzaban preparándose para la caza y para la guerra y, también, en los rituales amorosos de cortejo y apareamiento. Hombres y mujeres bailaban en las bodas y en los nacimientos, así como en los funerales. Danzaban para celebrar la vida y, también, al despedir a los difuntos que iniciaban el viaje de los muertos, pero sobre todo bailaban para expresar con su cuerpo la magia del encuentro sexual.

En el Neolítico ya había danzas de fuerte contenido sexual, con las que se quería propiciar o despertar el erotismo de la mujer, su fuerza sexual como elemento mágico fecundador y propiciador de las cosechas. Bailes que terminaban en auténticas orgías, en las que se buscaba, a través del sexo, la fecundación de la tierra.

Costumbres que también tuvieron incidencia en otras civilizaciones a lo largo de la historia como, por ejemplo, en la hindú. Antiguamente, las danzarinas de los templos tántricos tenían como fin el despertar de la energía sexual divina. Balanceando todo el cuerpo, como si estuvieran en trance, despertaban el erotismo con los sensuales movimientos de sus caderas, hasta tal punto que, cuando la India se convirtió en una colonia de Inglaterra, los ingleses cerraron todos los templos, pues tales danzas les parecían inmorales.

Pero los movimientos sensuales de las caderas no sólo han sido patrimonio de las danzarinas de los templos tántricos. Siglo tras siglo, generación tras generación, hombres y mujeres han seguido empleando la danza para festejar la vida y la muerte y, fundamentalmente, para iniciarse en el arte del amor, salvo períodos oscuros de la historia, en los que ha prevalecido el puritanismo sobre la magia de la energía del sexo, que es como decir la energía divina de la vida.

Esos movimientos han sido usados por hombres y mujeres tanto para mantenerse flexibles como para representar, en danzas y rituales, el poder mágico de la cópula, pero además han servido y sirven a las mujeres para mantener la agilidad de su vientre a la hora de concebir y parir los hijos. Un caso muy especial es el de las mujeres beréberes que bailan durante el embarazo y también lo hacen cuando están a punto de dar a luz para facilitar el parto.

Principios de la danza tántrica

Para el Tantra todo el Universo está en movimiento, la energía es puro movimiento. Los hombres, como parte de ese cosmos, también están en movimiento, y celebran la vida con la danza desde los albores de la humanidad. Pero la danza tántrica es mucho más que un baile, es una meditación dinámica, a través de la cual quienes la practican liberan no sólo su cuerpo sino también su alma, aumentan su vitalidad y entran en un estado profundo de conciencia

La danza tántrica es mucho más que un baile, es una liberación del alma para entrar en un estado profundo de conciencia.

Además, al practicar la danza tántrica, logramos ponernos en contacto con las fuerzas mágicas de la naturaleza, liberarnos de todas las represiones y despertar en nosotros el erotismo y la sensualidad adormecidos. La danza tántrica es, por tanto, un puente entre el hombre y la vida, una lúdica manera de purificación, un mágico método para desinhibirse, una perfecta conexión entre el ser humano y la naturaleza, y una explosiva transformación de nuestro cuerpo en energía pura. Es, en definitiva, meditación dinámica o meditación en movimiento.

Beneficios de la danza tántrica

La danza tántrica ejerce una benéfica influencia en la totalidad del ser humano, pues actúa en cuatro niveles: físico, emocional, mental y espiritual.

La danza tántrica es un mágico método para desinhibirse y una forma de conexión entre el hombre y la naturaleza.

La combinación de elasticidad y respiración son la clave para alcanzar el mayor beneficio de las asanas.

En el *nivel físico*, los dos puntos más importantes son que activa y eleva la energía Kundalini y que, al liberar el cuerpo de los agarrotamientos y tensiones, elimina dolores y contracturas, y corrige malas posturas. Además, libre de ataduras, el rostro se dulcifica, pues desaparecen los rasgos de cansancio, estrés, rabia o malhumor. A estos importantes beneficios, habría que añadir también que, como desbloquea la zona genital, favorece el parto natural, alivia las molestias de la menstruación y hace que la práctica del sexo sea más satisfactoria.

Por lo que respecta al *nivel emocional*, la danza tántrica eleva la autoestima, refuerza la confianza en uno mismo, nos ayuda a liberar tensiones y nos devuelve la alegría e, incluso, el bienestar emocional que creíamos haber perdido. Tras la danza, volvemos a ser entusiastas, alegres, atrevidos, creativos y soñadores.

En cuanto al *nivel mental*, la influencia benéfica es muy importante, sobre todo porque nos ayuda a aquietar la mente, tema fundamental en todas las prácticas tántricas. Además, descubrimos un poder intuitivo desconocido hasta ahora para nosotros.

Por último, en el nivel espiritual habría que destacar, fundamentalmente, la gran ayuda que nos proporciona para conectar con la Creación, con el Universo. Ya no nos sentimos solos y nuestra vida adquiere un sentido divino pues estamos conectados con el Cosmos.

TANTRA Y YOGA: AMIGOS INSEPARABLES

El Yoga es una ciencia holística de la vida que se originó en la India hace miles de años (la prueba arqueológica más antigua data, aproximadamente, del año 3000 a.C., fue encontrada en el valle del Indo y se trata de unos sellos de piedra que muestran figuras realizando posturas yóguicas).

Al parecer, esta ciencia holística, que abarca el desarrollo y evolución del hombre en los planos físico, mental, emocional y espiritual, le fue revelada a los sabios iluminados mientras practicaban la meditación, y la primera mención escrita que de ella tenemos se recoge en una vasta colección de textos conocida como los Vedas.

La palabra yoga significa unidad y se deriva del término sánscrito yug, que significa unir. En términos espirituales, el yoga se refiere a la unión de la conciencia individual con la conciencia universal. Pero, a niveles prácticos, el yoga, ayudándose de una serie de posturas o asanas, de la respiración, de la meditación y de la relajación, al utilizar sabiamente la fuerza vital que hay en nuestro interior, nos ayuda a afrontar la vida de una manera sana y equilibrada.

El yoga, por tanto, nos sirve para armonizar el cuerpo, la mente y las emociones, y es una de las mejores herramientas con las que cuenta el hombre para encontrar su propio espacio interior Dentro de las ramas del yoga, el más conocido en Occidente es el Hatha Yoga, muchas de cuyas asanas, además de los beneficios anteriormente citados, repercuten favorablemente en la relación sexual.

Las posturas de flexión hacia atrás facilitan y fortalecen la respiración profunda.

Las asanas o posturas del yoga

Aunque, en un principio, las asanas puedan parecernos una serie de complejas o extrañas posturas encaminadas a lograr la flexibilidad y esbeltez corporal, las asanas van mucho más allá, ya que movilizan las energías estancadas y nos depuran de las impurezas y toxinas físicas, mentales y emocionales, que se han ido acumulando en los chakras.

Las posturas invertidas ayudan a fortalecer los órganos internos y la capacidad mental.

De hecho, quienes se adentran en el yoga, a medida que lo van practicando, van viendo cómo va cambiando su actitud ante la vida, que encaran con una gran serenidad y paz interior y, si además llegan a controlar su mente y pensamientos, culpables de los prejuicios que nos inmovilizan, su evolución ya no tendrá límite.

Hay seis tipos de posturas o asanas básicas: *de pie, invertidas, de torsión, de flexión hacia atrás, de flexión hacia delante* o *de flexión a los lados.*

Las *posturas de pie* potencian y favorecen los sistemas muscular, circulatorio, respiratorio, digestivo, endocrino, reproductor y nervioso.

Las posturas de equilibrio muestran la coordinación de cuerpo-mente, y en ellas es necesario aplicar la concentración.

Las *posturas invertidas* nos ayudan a equilibrar el sistema endocrino y el metabolismo, a revitalizar los ór-

Empezamos de pie, mirando al frente, con la espalda erguida y las palmas de las manos juntas.

Tomamos aire y levamos los brazos estirados hacia arriba y hacia atrás.

Por último, las *flexiones laterales o hacia los lados* son un magnífico estimulante para el hígado, los riñones, el estómago y el bazo.

Para la realización de las asanas, además de nuestro propio cuerpo y el suelo, tan sólo necesitaremos un poco de disciplina, ya que es muy importante que las realicemos todos los días, aunque sea durante un breve espacio de tiempo, o muy espaciadas, pese a que el tiempo que empleemos sea más largo. Se trata de coger una rutina diaria; es decir, todos los días y a una hora determinada, que puede ser al levantarse o al anochecer. Eso sí, siempre con el estómago vacío (por lo menos, habremos comido una hora antes).

ganos internos y, también, fomentar la capacidad mental.

Las posturas de torsión facilitan la digestión, mejoran la respiración intercostal y alivian los dolores de espalda.

Las *posturas de flexión hacia atrás* facilitan y fortalecen la respiración profunda.

Las *posturas de flexión hacia delante*, además de mejorar la circulación sanguínea y facilitar la digestión, son un excelente tranquilizante contra las emociones negativas.

Por otro lado, el lugar que utilicemos para la práctica del Yoga ha de ser una habitación ventilada pero a una temperatura agradable, aunque si el tiempo lo permite también podemos practicarlo al aire libre. Además, debemos llevar ropa de fibras naturales, holgada y cómoda, para que no dificulten la respiración y la circulación, estar descalzos y no llevar ningún tipo de joya o reloj.

Expulsamos el aire y nos doblamos hacia delante, colocando las manos en el suelo y llevando la cabeza hacia las rodillas.

Saludo al Sol

El Saludo al Sol o Surya Namaskar es un antiguo ejercicio de yoga que los practicantes del Tantra realizan para comenzar bien el día. Reverenciando al astro Sol que nos llena de vida, este ejercicio hace que, con tan sólo diez minutos de práctica, nuestro cuerpo se llene de vitalidad y tenga mayor flexibilidad, así como una mejor predisposición emocional y espiritual para afrontar la jornada. El Saludo al Sol no es, propiamente, un asana, sino más bien una serie de movimientos continuos y sincronizados con la respiración que, además de los beneficios anteriormente citados, nos ayudan a centrar la mente en el momento presente.

La secuencia de los movimientos que compone el Saludo al Sol se debe repetir dos veces, relajándose tras completar cada secuencia.

1.º Puestos en pie, mirando al frente, con la espalda erguida, los pies juntos y las palmas de las manos juntas y tocando el pecho, tomaremos aire y llevaremos los brazos estirados hacia arriba y hacia atrás.

Inhalamos y extendemos la pierna derecha hacia atrás, apoyando los dedos del pie en el suelo.

Expulsamos el aire y estiramos la pierna izquierda hacia atrás, dejando que la cabeza, espalda y piernas formen una línea recta.

Doblamos las piernas y los brazos, de forma que los dedos de los pies, las manos, las rodillas, el pecho y la frente toquen el suelo.

Cogemos aire y tensamos los brazos, doblamos el tronco hacia atrás manteniendo las piernas en contacto con el suelo.

Expulsamos el aire y levantamos las caderas manteniendo los pies y las manos en el suelo.

Inhalamos y llevamos el pie derecho hacia delante, tocando con la rodilla el pecho y levantando la cabeza.

2.° A continuación, expulsaremos el aire y nos doblaremos al mismo tiempo hacia delante, colocando las manos en el suelo y llevando la cabeza hasta las rodillas, y manteniendo en todo momento las piernas rectas.

3.° Después, partiendo de la posición anterior, inhalaremos y extenderemos la pierna derecha hacia atrás, apoyando los dedos del pie en el suelo, mientras que mantenemos la pierna izquierda en ángulo de 90° y la cabeza mirando al frente.

4.° Luego, expulsaremos el aire, al mismo tiempo que estiramos la pierna izquierda hacia atrás, colocándonos en una posición en la que la cabeza, la espalda y las piernas formen una línea recta.

5.° Seguidamente, doblaremos las piernas y los brazos de manera que los dedos los pies, las manos, las rodillas, el pecho y la frente toquen el suelo.

6.° A continuación, volveremos a coger aire y tensaremos los brazos, mientras doblamos el tronco hacia atrás, manteniendo las piernas en contacto con el suelo.

7.° De nuevo, expulsaremos el aire y levantaremos las caderas manteniendo los pies y las manos en el suelo.

8.° Después, volviendo a inhalar y partiendo de la posición anterior, llevaremos el pie derecho hacia delante, tocando con la rodilla el pecho, y levantaremos la cabeza.

9.° Luego, expulsaremos el aire mientras ponemos el pie izquierdo junto al derecho. Estirando las piernas, doblaremos el cuerpo hacia delante, tocando con la cabeza las rodillas, y nos agarraremos los tobillos con las manos.

Expulsamos el aire mientras ponemos el pie izquierdo junto al derecho. Estirando las piernas, doblamos el cuerpo hacia delante.

Cogiendo aire, nos ponemos de pie y estiramos los brazos hacia la cabeza, doblándonos hacia atrás.

10.º A continuación, cogiendo aire nos pondremos de pie y estiraremos los brazos hacia la cabeza y nos doblaremos hacia atrás.

11.º Por último, expulsaremos el aire, mientras nos mantenemos de pie, erguidos y con los brazos colocados a ambos lados.

Saludo a la Luna

Al igual que el Saludo al Sol nos sirve para comenzar bien el día y poder afrontar la jornada con una gran dosis de vitalidad, el Saludo a la Luna o Chandra Namaskar nos purifica al llegar el anochecer. Mediante la reverencia a la Luna, el espíritu femenino, la energía lunar penetra en lo más profundo de nuestro interior y

Expulsamos el aire, mientras nos mantenemos de pie, erguidos y con los brazos a ambos lados del cuerpo.

En el segundo paso del Saludo a la Luna, expulsamos el aire, nos doblamos hacia delante, colocando las manos en el suelo y llevando la cabeza hacia la rodilla.

En el paso ocho del Saludo a la Luna las piernas permanecen en contacto con el suelo, estiramos los brazos y echamos el tronco y la cabeza hacia atrás, al tiempo que expulsamos el aire lentamente.

nos purifica, limpiándonos de todas las agresiones que hemos recibido a lo largo del día.

La secuencia completa de los movimientos que componen el Saludo a la Luna se debe repetir dos veces, relajándose tras completar cada secuencia.

1.° De pie, con la cabeza mirando al frente, la espalda erguida, los pies juntos y las palmas de las manos juntas y tocando el pecho, tomaremos aire y llevaremos los brazos estirados hacia arriba y hacia atrás.

2.° A continuación, expulsando el aire, nos doblaremos hacia delante, colocando las manos en el suelo y llevando la cabeza hasta las rodillas, manteniendo en todo momento las piernas rectas.

3.° Después, inhalaremos y extenderemos la pierna derecha hacia atrás, apoyándola por completo en el suelo, mientras que mantenemos la pierna izquierda doblada y apoyada también en el suelo, y la cabeza echada hacia atrás.

4.° Partiendo de esa posición, giraremos el tronco, manteniendo las piernas en contacto con el suelo, y con la cabeza mirando al frente, al mismo tiempo que expulsamos el aire.

5.° Después, giraremos de nuevo el tronco (como en la posición 2°), inhalaremos y extenderemos la pierna derecha hacia atrás, apoyando los dedos del pie en el suelo, mientras que mantenemos la pierna izquierda en ángulo de 90° y la cabeza, primero mirando al frente y, después, echada hacia atrás.

6.° Luego, expulsando el aire, estiraremos la pierna izquierda hacia atrás, colocándonos en una posición en la que la cabeza, la espalda y las piernas formen una línea recta.

7.° Partiendo de esta posición, tomaremos aire y doblaremos los codos, apoyando la barbilla, el pecho, las manos, las rodillas y los dedos de los pies en el suelo.

8.° Después, estirando las piernas, que permanecerán en contacto con el suelo, estiraremos también los brazos y echaremos el tronco y la cabeza hacia atrás, al tiempo que expulsamos el aire.

9.º A continuación, inhalaremos y, doblando el cuerpo hacia delante, con los brazos extendidos, tocaremos el suelo con la frente y las palmas de las manos, mientras permanecemos sentados sobre las nalgas.

10.º De nuevo, expulsaremos el aire y levantaremos los brazos estirados hacia arriba, manteniendo la espalda erguida y la cabeza mirando al frente.

11.º Después, volviendo a inhalar y partiendo de la posición anterior, doblaremos el cuerpo hacia delante, manteniendo la cabeza al frente pero con los codos, los antebrazos y las palmas de las manos tocando el suelo.

12.º Luego, expulsaremos el aire mientras nos ponemos de pie y, estirando las piernas, doblaremos el cuerpo hacia delante, manteniendo las piernas tensas y tocando el suelo con las palmas de las manos.

13.º A continuación, cogiendo aire nos pondremos de pie y estiraremos los brazos hacia la cabeza y nos doblaremos hacia atrás.

14.º Por último, expulsaremos el aire, mientras nos mantenemos de pie, erguidos y con las palmas de las manos juntas tocando el pecho.

La íntima relación entre el yoga y el sexo

El hinduismo tiene opiniones diferentes en relación al uso del sexo para aumentar la energía espiritual pues, mientras las antiguas enseñanzas dravídicas tántricas proponen la obtención de la libertad (Moksha) a través del sexo, las corrientes posteriores del yoga, tales como el Hatha Yoga, influenciadas por la llegada al país de los occidentales, incorporaron el celibato sexual o Brahmacharya, como una condición casi exclusiva para conservar el semen o bindú, considerado fuente y elixir de vida (la medicina ayurvédica, medicina tradicional de la India, vigente hoy en día, afirma que se requieren cuarenta gotas de sangre para fabricar una gota de semen, y que quien desee prolongar su vida debe evitar su emisión, pues para el hindú el semen es equivalente a sangre destilada), mantener la salud y alcanzar la longevidad.

Aunque el yoga, con la influencia occidental, comenzó a evitar la eyaculación a través del celibato, el Tantra, sin embargo, optó por la relación en pareja, ya que favorece el intercambio de energías sutiles o pránicas entre el hombre y la mujer. Además, la relación sexual nutre al ser humano, pues el hombre, por ejemplo, puede evitar la eyaculación, al mismo tiempo que experimenta el orgasmo, mediante la práctica del Vajroli Mudra, a través de la cual puede reabsorber el semen eyaculado en la vagina de su pareja.

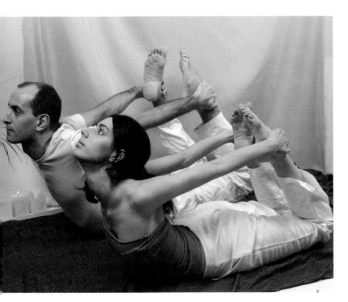

Hay muchas variantes de las posturas del Saludo a la Luna, desde la posición de tumbados, coger los pies con los brazos y tirar hacia la cabeza, arqueando la columna.

Los secretos del sexo
TÁNTRICO

EL SEXO TÁNTRICO COMO CAMINO PARA ALCANZAR LA UNIDAD

EN EL SEXO TÁNTRICO TODO EL PROCESO DEL ACTO SE-XUAL debe realizarse de forma consciente, de forma que a través de la mente y determinadas técnicas se-xuales se logre canalizar adecuadamente la energía se-xual que se genera. Se trata de que el cuerpo vibre con una energía producto de la emoción, la sensuali-dad y la sexualidad, a la vez que mantenemos la men-te en calma, la respiración controlada y profunda y nuestra voluntad puesta en el ánimo de trascender, tratando de llevar la experiencia sexual más allá de lo ordinario para hacerla realmente cósmica.

El Tantra propone el alargamiento de los juegos eróticos y las caricias para aumentar el nivel de excitación.

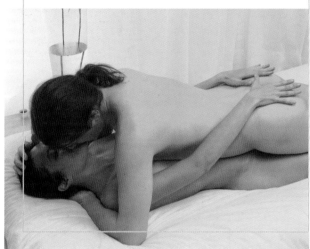

se aumenta tanto el nivel de excitación como el energético en ambos miembros de la pareja.

A partir de ahí, el siguiente paso consiste en aprender a desarrollar la consciencia en medio de la excitación erótica para poder canalizar conscientemente esa energía que estamos despertando el uno en el otro, lo que se logra mediante la meditación y respiración adecuadas durante el acto sexual.

Después, durante el coito en sí mismo, es decir, durante la penetración, hay que controlar al máximo la eyaculación para al menos demorarla e, incluso, si es posible, suprimirla.

Por último, hay que utilizar esa concentración y esa forma consciente de hacer el amor para, primero, hacer que fluya y se extienda la energía sexual por todo el cuerpo, vitalizando y haciendo participe del gozo a cada una de nuestras células y, después, para lograr que esa misma energía suba hasta el cerebro.

ACTITUDES QUE DEBEN CULTIVARSE EN EL CAMINO DEL TANTRA

1.ª La primera y esencial es no acercarse al Tantra buscando únicamente sexo. Aunque la práctica del sexo debidamente realizada siempre es positiva para el ser humano, si lo que buscamos es tan sólo sexo hay otros caminos más apropiados para buscarlo que el Tantra, ya que con esta mentalidad nos perderemos lo más importante de la sexualidad tántrica y, probablemente, gocemos incluso menos.

2.ª El Tantra es un camino global. Por eso, se llama Tantra-Yoga; es decir, un buen practicante del Tantra tiene que ser, por fuerza, un buen yogui, o lo que es lo mismo, alguien que ha alcanzado cierto dominio sobre su cuerpo, mente, emociones y,

El primer paso para alcanzar el clímax cósmico consiste en llenar de fuego cada uno de los miles de millones de neuronas que hay en el cerebro, a través de las caricias, para después canalizar la energía que provoca la excitación.

Para conseguir este clímax cósmico, la energía sexual debe llegar al cerebro, iluminar y llenar con su fuego cada uno de los miles de millones de neuronas que hay en él. Entonces, al producirse una super estimulación neuronal, el cerebro se vitalizará, se cargará de energía y, sobre todo, funcionará de una forma global, como una unidad, pues se habrán fusionado las dos áreas o hemisferios: la intuitiva y la racional, lo emotivo y lo intelectual.

Para alcanzar la Unidad que persigue el Sexo Tántrico, el primer paso que propone el Tantra es el alargamiento de los prolegómenos del coito por medio de los juegos eróticos y de las caricias, pues de este modo también, sobre su sexualidad. De ahí, que en el camino del Tantra tengamos que cultivar la voluntad y la capacidad de esfuerzo, desarrollando un papel activo en nuestra vida.

3.ª Para el practicante del Tantra es esencial cuidar y cultivar sus facultades físicas, emocionales, mentales, espirituales, sensitivas y sexuales.

El cuidado y cultivo del cuerpo se consigue mediante el ejercicio adecuado, ya sea practicando Hatha Yoga o cualquier otro tipo de ejercicio idóneo, llevando una vida sana y activa, y manteniendo una alimentación saludable y equilibrada.

En cuanto a las emociones, su cuidado y cultivo se consigue desarrollando en nosotros el poder del amor. Pero no se trata sólo de amar a una persona, sino del amor a la vida misma como algo global, sintiéndonos parte del cosmos y buscando el papel que nos corresponde a cada uno en la vida. Es decir, se trata de amar a nuestro entorno, a nuestra familia, a nuestros amigos, a nuestros hijos y, muy especialmente, a nuestra pareja.

Con respecto al cuidado y cultivo de la mente, esto se logra buscando y cultivando la sabiduría, tanto la de tipo intelectual con los estudios y lecturas adecuadas, como la sabiduría interior que se consigue desarrollando la intuición y la paz mental a través de la práctica cotidiana de la meditación, incluyendo también las meditaciones de carácter sexual.

En lo que se refiere a la capacidad sensitiva y sensual, podemos desarrollar y afinar nuestros sentidos mediante la práctica de las caricias sutiles y el cultivo de artes como la pintura, la gastronomía o la escritura. Para cultivar y cuidar el espíritu es necesario mantener una adecuada actitud trascendente, de búsqueda espiritual, de superación personal, de desarrollo místico y de sentimiento de pertenencia a la totalidad de la que formamos parte.

El primer paso para acercarse al Tantra es no buscar únicamente sexo, el segundo paso es tener un buen dominio sobre el cuerpo y la mente, y el tercero es cultivar las facultades tanto físicas, emocionales, mentales, espirituales, sensitivas y sexuales.

El Tantra busca la emoción, la entrega total y la fusión con nuestra pareja.

Por último, el cuidado y cultivo de la capacidad sexual se consigue viendo el sexo como lo que es: algo realmente hermoso cuando se practica en las condiciones de higiene, afecto, confianza, amor y belleza adecuados. Se trata de practicar una sexualidad donde la búsqueda del placer o del orgasmo no sea algo prioritario, ni urgente y, mucho menos, condición imprescindible para mantener una relación sexual, ya que lo que debemos perseguir es la fusión con nuestra pareja, buscando la emoción, la entrega total y la adecuada canalización de la energía sexual. Para ello, es preciso servirse del control mental y la respiración, cimentados por el amor.

BENEFICIOS INDIVIDUALES DE LA SEXUALIDAD TÁNTRICA

El primero y más evidente de los beneficios que genera, individualmente, la práctica de la sexualidad tántrica es la generación de energía, vitalidad y salud en los cuerpos de ambos amantes, pues el Tantra, debidamente practicado, cura, regenera, rejuvenece o ayuda a mantenerse joven, vitaliza y aporta una gran dosis de energía para la vida cotidiana, además de mayor magnetismo y poder personal.

Al tener una visión global del ser humano, el Tantra es un camino que trasciende la dualidad y, por tanto, es una maravillosa ayuda para el individuo en su búsqueda de la armonía, pues fusiona, en cada persona, lo intelectual con lo intuitivo, lo emocional con lo racional.

Como camino de autoconocimiento y superación personal, el Tantra aumenta la autoestima, la sensación de valía personal, la capacidad para vivir en el aquí y el ahora, para tomar decisiones y para buscar la armonía. La práctica del Tantra ayuda a curar y sanar las heridas emocionales y los bloqueos psíquicos, pues la invocación continua del amor, el amor a la vida y la permanencia consciente en sensaciones de plenitud y gozo, aumentan y potencian la consciencia de que la vida puede ser realmente bella y agradable para nosotros.

Con el Tantra también podemos conseguir una mejor comunicación con nuestro subconsciente, desarrollar los sentidos psíquicos, mejorar la calidad de nuestros sueños y desarrollar nuestra intuición y clarividencia.

Al practicar la sexualidad tántrica, se logra canalizar la energía sexual y reconducirla al cerebro, produciéndose una poderosa estimulación neuronal. Esto hace que aumente la eficacia mental, se armonicen los dos hemisferios cerebrales, y se desarrolle la intuición, los sentidos psíquicos y la capacidad de comunicación con el subconsciente.

Por último, el beneficio más evidente es el aumento de la capacidad sexual, de la capacidad para gozar del sexo pero también para controlarlo y no dejarnos llevar por actitudes sexuales o situaciones que no nos convienen. La actitud tántrica de respeto hacia la pareja, hacia la mujer y hacia las personas en general es, sin duda, el mejor antídoto contra la violencia sexual.

BENEFICIOS DE LA SEXUALIDAD TÁNTRICA PARA LA VIDA EN PAREJA

El beneficio más evidente es el aumento del placer en la mujer y de la capacidad femenina para tener orgasmos. Aunque satisfacer plena y totalmente a la mujer es algo necesario en cualquier relación de pareja equilibrada, en la sexualidad tántrica lo es mucho más por dos motivos concretos: primero, por el culto a lo femenino; es decir, por considerar a las mujeres como encarnación del *Poder Fecundo de la Naturaleza* y, por tanto, como seres de naturaleza mágica. En segundo lugar, por considerar la satisfacción femenina fundamental para unas relaciones armónicas y satisfactorias en la pareja, pues para que la relación de pareja funcione realmente bien no debe haber resentimientos, ni conscientes ni inconscientes, ni del hombre ni de la mujer.

El sexo tántrico también convierte a la mujer en mejor amante, pues la hace más activa, despierta, desinhibida y colaboradora del hombre en la búsqueda de un

En la sexualidad tántrica se practica especialmente el culto a lo femenino, por considerar la satisfacción femenina fundamental para unas relaciones armónicas y permitir a la mujer ser una mejor amante, más activa, despierta y desinhibida.

En la sexualidad tántrica es muy importante el juego, la comunicación, la confianza y la fantasía entre los amantes.

gozo mutuo más total, lo que supone también un beneficio para el hombre.

La sexualidad tántrica aporta una mayor confianza, intimidad, comunicación y plenitud sexual entre ambos amantes, fomentando la fantasía, la capacidad erótica, las habilidades de comunicación y la capacidad de satisfacerse.

Dado que el Tantra no es solo sexo sino que potencia y fomenta el desarrollo armonioso de los sentimientos y del Poder del Amor, su práctica ayuda a una mejor comprensión emocional en la pareja y a sanar y limpiar los conflictos y resentimientos que se puedan tener.

Al igual que la moderna sexología, el Tantra piensa que si uno de los polos de la pareja siente algún tipo de insatisfacción o frustración, sobre todo sexual, esto engendrará resentimiento más o menos subconsciente que afectará más tarde o más temprano a la relación. Los rituales tántricos ayudan a superar esos resentimientos y a que la relación permanezca con más pasión durante más tiempo.

En definitiva, la práctica del Tantra Yoga, convenientemente realizada, fomenta y potencia la autoestima, la capacidad de amar, el desarrollo del poder personal, el despertar de los sentidos psíquicos y la mejora global de la vida de pareja. Por eso, se le considera un camino mágico de superación personal y de armonía en la pareja.

DIFERENCIAS ENTRE SEXO COMÚN Y SEXO TÁNTRICO

El Sexo Común, o sea, el que habitualmente practicamos sobre todo los occidentales, tiene una serie de connotaciones que lo describen y hacen diferente del Sexo Tántrico. Estas diferencias entre ambas prácticas sexuales son:

Sexo Común

- Propicia y favorece la descarga de tensiones.
- Busca, sobre todo, la eyaculación y el orgasmo.
- Produce un orgasmo corto, como un gran calambre, y muy localizado.
- El ego y su satisfacción son los principales protagonistas del rito sexual común.
- Mantiene la división entre las dos polaridades: masculina y femenina.

La práctica de la sexualidad tántrica proporciona energía, vitalidad y salud en los amantes.

- Hace que el individuo envejezca más rápido.
- No profundiza en la consciencia, permaneciendo tan sólo en la personalidad.
- Con el tiempo se suele caer en el aburrimiento y la rutina.
- Sólo se puede practicar durante un espacio corto de tiempo.

Sexo Tántrico

- No produce una descarga energética. Al contrario, este tipo de sexualidad hace que la energía se mueva a través de un circuito y se retroalimente ella misma.
- Al no eyacular, se genera un orgasmo globalizado.
- Produce un orgasmo largo, global y expandido al cuerpo y la mente.
- Al buscar la unión con el Cosmos, desaparece el ego y la dualidad.
- Fusiona las dos polaridades, masculina y femenina, en el andrógino.
- Incrementa el fuego interno y el deseo.
- Hace que la energía fluya a través de todos los chakras.
- Es un magnífico elixir de longevidad.
- Profundiza en el estado de conciencia.
- Al ser un ritual mágico, impide que los amantes caigan en el aburrimiento y la rutina.
- Se puede prolongar durante horas.

EL BESO TÁNTRICO

Cuando dos bocas, con sus respectivas lenguas, se tocan y entrelazan, automáticamente se despierta y libera la energía sexual. De ahí, la importancia que para el Tantra tiene el beso, no ya como preludio al coito sino como intercambio de energías en sí mismo. Así como nuestro nacimiento físico depende de la unión de dos semillas, cuando dos personas ponen sus ca-

En el sexo tántrico el orgasmo es largo, global y expandido al cuerpo y la mente, puede prolongarse durante horas y al ser un ritual mágico, impide que los amantes caigan en el aburrimiento y la rutina.

- Al producirse la eyaculación, se pierde energía.
- El deseo y la pasión se agotan.
- Una vez alcanzado el clímax, la pasión sexual baja y es necesario esperar un tiempo para que los amantes puedan recuperarse.

bezas juntas se produce un nacimiento psicoespiritual. De forma que podríamos definir el Beso Tántrico como el Beso Psicoespiritual. La práctica diaria del Beso Tántrico es especialmente beneficiosa para la salud, ya que favorece la autopurificación y la longevidad. Además, al repetir esta práctica con asiduidad, se establece entre los amantes una comunicación telepática.

El Beso Tántrico es una postura en la que dos personas descansan sus frentes juntas para realizar una meditación mutua. El beso se puede realizar de pie, reclinados o en la posición *Yab-Yum* (sentados con los miembros entrelazados). En los textos tántricos se hace referencia a seis formas de besar:

El beso tántrico puede consistir en pequeños soplos en el cuello y la boca o poniendo en contacto labio con labio.

Mordisqueando suavemente los labios de la pareja

Se trata de morder suavemente, con pequeños e insinuantes mordiscos, los labios de nuestra pareja para lograr despertar en ella el instinto animal.

Poniendo en contacto labio con labio

Hay que poner ambos labios en contacto, al principio suavemente y, después, con pasión, alternando los labios superiores e inferiores.

Pequeños soplos alrededor de la boca y en el cuello

Con la boca ligeramente entreabierta, soplaremos en la boca de nuestro amante y, también, en su cuello (sobre todo, en la nuca).

Entrelazando las lenguas

Deslizaremos la lengua por los labios y la boca de nuestra pareja y, a continuación, entrelazaremos apasionadamente las lenguas. Este tipo de beso despierta inmediatamente la energía sexual en la zona genital.

Succionando los labios

Cogeremos con nuestros labios el labio superior e inferior, alternativamente, de nuestro amante y lo succionaremos suave pero apasionadamente.

Compartiendo el orgasmo a través de la saliva

Según el Tantra, cuando la mujer llega al orgasmo su saliva tiene propiedades que armonizan la energía polar masculina y femenina. Por esa razón, al acceder al orgasmo, la mujer debe compartir su *dulce néctar* con su pareja, besando apasionadamente a su compañero; es decir, dejando que su saliva caiga en la boca de su amante.

EL NÉCTAR DE LOS TRES PICOS

Según el Tantra, en el cuerpo humano hay tres picos (o partes) que liberan un tipo de jugo energético, un néctar muy nutritivo para el receptor y revitalizante para el dador. De ahí, que la sexualidad tántrica haga espe-

Succionando los labios delicadamente, acariciándolos con un simple roce o dándole de comer a nuestra pareja, y juntando los labios, podemos disfrutar de un placer indescriptible.

cial hincapié en el beso en estas zonas o picos no sólo por su alto poder estimulante y sensual sino porque al tragar los néctares energéticos que desprenden es como si estuviéramos tomando un tónico o poción sanadora.

El primero de estos picos se centra en el paladar, a lo largo del frenillo hasta el labio superior y, según parece, al ser estimulado, libera una especie de rocío sexual, el cual se derrama por todo el cuerpo desde el chakra superior. Este líquido, distinto de la saliva, es muy cálido y es la secreción más sutil del cuerpo tántrico.

El segundo pico está situado en los pechos y los pezones y conecta directamente con el chakra del corazón. Besando este pico, ambos amantes dan y reciben conscientemente las delicadas secreciones del pecho. Los componentes de la pareja tienen que alternar el dar con el recibir y utilizar todas las formas de besar, desde la más suave a la más apasionada, para besar los pechos de su pareja como si fueran sus labios.

Por último, el tercer pico se encuentra en los órganos que pertenecen al segundo chakra: el yoni o vagina y el lingam o pene. El néctar del que podemos disfrutar al besar este tercer pico no se trata de la eyaculación del hombre ni de la *amrita* (eyaculación femenina) de la mujer, es un líquido mucho más sutil, pero igual de estimulante.

EL «PUNTO SAGRADO» O PUNTO G (FEMENINO Y MASCULINO)

Aunque miles de años atrás, los tántricos ya conocían la existencia de un «Punto Sagrado», en Occidente este punto, conocido como Punto G, fue descubierto por el ginecólogo alemán Ernest Graberger, que identificó una zona erógena sensible a dos tercios del orificio vaginal, sobre la pared frontal de la vagina.

El famoso y polémico Punto G, llamado así en honor de su descubridor, es un punto repleto de terminaciones nerviosas que están conectadas directamente con la zona del cerebro donde se producen las hormonas del placer. La fama y polémica del citado Punto G viene dada porque, por un lado, gran parte de la comunidad médica duda de su existencia o, más bien, de que sea un punto clave y no una zona erógena más, y por otro, porque la supuesta eyaculación femenina que, al parecer, se produce si se presiona este punto de una determinada manera, es para muchos expertos simplemente orina, mientras que para otros se trata de un líquido de características similares al líquido prostático, ya que se cree que el Punto G deriva de la misma estructura que genera la glándula de la próstata durante el desarrollo fetal.

Independientemente de la polémica, los tántricos vienen, desde hace siglos, masajeando este «Punto Sagrado» para hacer despertar a la Kundalini y, a diferencia de la sexualidad occidental, también consideran que hay «Punto Sagrado» en el hombre, que está situado en el ano, y sus características son similares a las del Punto G femenino.

Para el Tantra, el masaje del «Punto Sagrado o Punto G» sirve como detonante para levantar la bioenergía que la conciencia, una vez despertada la Kundalini, se encargará de encauzar tántricamente por el conducto central y los chakras. Este punto puede ser estimulado tanto en las mujeres como en los hombres, permitiendo que la energía yin que hay en cada ser humano despierte.

FORTALECIMIENTO DEL MÚSCULO PUBOCOCCÍGEO O «MÚSCULO DEL AMOR»

Aunque su nombre oficial es *músculo pubococcígeo*, popularmente se le conoce como «músculo del amor», quizás porque, en gran medida, es el responsa-

Los juegos eróticos, ofreciendo comida a nuestro compañero, son el preámbulo perfecto del acto sexual.

ble del orgasmo femenino y, también, por qué no, del masculino pues, si este músculo está bien ejercitado, los orgasmos aumentan de intensidad y también facilitan que aquellas mujeres que tienen dificultad para llegar al clímax puedan lograrlo más fácilmente. Además, al ejercitar el hombre también el *músculo pubococcígeo*, situado en el punto medio entre el pubis y el coxis, podrá controlar más fácilmente la eyaculación.

La *musculatura pubococcígea* es la que rodea la parte inferior de la uretra, vagina y recto y que, junto con otros músculos, se contrae involuntariamente durante el orgasmo. La importancia de este músculo, aparte de razones puramente enfocadas al placer, radica en que es el responsable de la buena forma del suelo pélvico, sostén del útero y la vejiga. De forma que, si se debilita, no sólo disminuye la sensibilidad sexual y la intensidad de los orgasmos, sino que puede producirse incontinencia urinaria; es decir, pérdidas de orina.

Si la mujer quiere saber dónde se encuentra el «músculo del amor», el método más eficaz para localizarlo consiste en cortar varias veces la orina, mientras está miccionando. También puede introducir un dedo en su vagina e intentar apresarlo. Aunque en principio no resulta fácil, es sólo cuestión de práctica, teniendo en cuenta que se trata únicamente de tensar el *músculo pubococcígeo* y no el abdomen, ni las nalgas, ni los muslos, ni ninguna otra parte del cuerpo.

Para el Tantra, el masaje del «Punto Sagrado o Punto G» sirve para levantar la bioenergía que la conciencia se encargará de encauzar tántricamente por el conducto central y los chakras.

LOS EJERCICIOS KEGEL PARA FORTALECER EL «MÚSCULO DEL AMOR»

Creados, en la década de los cincuenta, por el doctor Arnold Kegel, con el fin de evitar el prolapso uterino, es decir, la caída del útero y ayudar a las mujeres que sufrían de incontinencia urinaria, los Kegel son una serie de ejercicios diseñados especialmente para tensar y fortalecer la *musculatura pubococcígea*, a los que hay que añadir, además de los beneficios anteriormente citados, otros, tanto o más importantes, como el aumento de la sensibilidad vaginal y una mejor lubricación en las mujeres menopáusicas.

Los Kegel consisten en dos tipos de ejercicios, que hay que combinar. En el primer ejercicio hay que contraer (tirar hacia arriba) y relajar (soltar) rápidamente la *musculatura pubococcígea* de 10 a 15 veces, durante tres veces al día, mañana, tarde y noche. Durante los primeros días, para controlar exactamente dónde está situado el músculo, es aconsejable que la mujer introduzca, al mismo tiempo, un dedo en su vagina para comprobar que lo está haciendo correctamente; después, ya no será necesario. El segundo ejercicio consiste en tensar el *músculo pubococcígeo*, contar hasta tres y relajarlo otros tres segundos, y así repetidamente hasta hacerlo de 10 a 15 veces, en tres momentos del día. Aunque se puede ir aumentado el número de veces que se hacen los ejercicios hasta conseguir llegar a unas 150 contracciones, es mucho más importante ser constante, realizando los ejercicios cada día, que au-

Los grados en que una persona alcanza el orgasmo dependen de su capacidad para disfrutar y dejar llevarse libremente por el deseo.

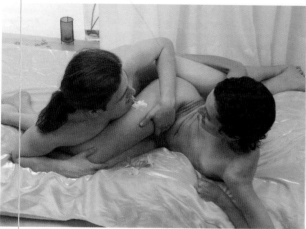

El punto G está repleto de terminaciones nerviosas que están conectadas directamente con la zona del cerebro donde se producen las hormonas del placer, y existen diferentes maneras de estimularlo.

mentar las cifras, pues de nada sirven estos ejercicios si no se hacen a diario.

LOS CINCO NIVELES DE ORGASMO

Para el Tantra, el orgasmo es un estado de comunicación física y espiritual, en el que, alejándonos del control de la mente, retornamos al mundo de la inocencia en el que fuimos creados para disfrutar del placer. Tenien-

do en cuenta que el Universo tiene el éxtasis como materia prima, los seres humanos, a través del acto sexual y mediante el orgasmo, consiguen contactar con esa vibración universal. Así pues, tanto el hombre como la mujer han nacido con esa capacidad orgásmica, ya que forma parte del estado natural de la vida.

En los textos tántricos se hace referencia a cinco niveles de orgasmo:

1.° Preorgásmico: es el momento en que la energía se prepara para distribuirse por todo el cuerpo.

2.° Ocasional: este tipo de orgasmo sucede cuando, debido a una serie de tensiones físicas o emocionales, no nos es posible acceder a la experiencia orgásmica.

3.° Orgásmico: situación o estado en el que la mayoría de los seres humanos se sienten satisfechos sexualmente.

4.° Orgasmos en cadena o multiorgasmos: estado de satisfacción sexual que alcanzan aquellas parejas que se dejan llevar libremente por el deseo.

5.° Orgasmo Cósmico u Ola de Placer: orgasmo que conmociona todo nuestro cuerpo, llenándonos de gozo y luminosidad durante horas o días. Es, en esencia, el orgasmo tántrico.

EL ORGASMO CÓSMICO

Somos un cosmos viviente porque dentro de nosotros viven millones y millones de células dotadas de su propia conciencia. Son en realidad entes individuales, aunque pertenezcan al universo de nuestro cuerpo. Por eso, cuando la felicidad y el gozo más profundo conmueven nuestro ser, cada una de estas células vibra con esa dicha irradiando su mayor potencial de energía

y ese fabuloso microuniverso que es nuestro cuerpo se llena de un gozo pleno y luminoso, llenándolo todo de armonía. Esto no es ni más ni menos que el mítico Orgasmo Cósmico que persiguen los tántricos, el cabalgar en la *Ola del Placer* que conmociona todo nuestro cuerpo. Algo que va más allá de una mera experiencia genital o sensorial, ya que es una experiencia holística que implica a la totalidad de nuestro ser.

Para lograr el Orgasmo Cósmico, el ritual tántrico insiste en alargar la experiencia erótica e implicar en ese acto sublime y sagrado a todos nuestros sentidos, conciencia y emociones, a fin de que cada una de nuestras células y neuronas participen de esa explosión de luz y energía. Mediante la elevación de la energía sexual a la conciencia, el Tantra consigue llegar a la iluminación: un gozoso sentimiento de dicha, que nos hace sentir parte del Universo, percibiéndonos como el propio Universo y experimentando una armonía y plenitud totales en todo nuestro ser.

El Orgasmo Cósmico no es un mero placer genital, pues la sensación o vivencia que nos produce puede

El Orgasmo Cósmico no es una simple experiencia sexual, sino un acto sublime y sagrado en el que intervienen todos nuestros sentidos, conciencia y emociones.

acompañarnos durante horas e, incluso, durante días. Ésta es la gran diferencia con el orgasmo meramente sexual que, pudiendo ser muy intenso, es una experiencia que pasa dejándonos siempre la sensación de brevedad, de instantaneidad y fugacidad por muy prolongado e intenso que haya sido. El Orgasmo Cósmico supone una plenitud que permanece durante mucho tiempo y que, una vez experimentado, puede volver a ser despertado por cualquier cosa que nos recuerde esa conexión sagrada de plenitud y armonía entre nosotros y el Universo.

BENEFICIOS DEL CONTROL DE LA EYACULACIÓN

Aunque después del orgasmo, el hombre puede permanecer parcialmente activo sexualmente y, por su-

Con el control de la eyaculación los hombres entran en una nueva dimensión de su sexualidad y permiten que la mujer alcance múltiples orgasmos.

puesto, abierto a la ternura y las caricias, sin embargo no puede evitar perder, durante más o menos tiempo, la erección y, sobre todo, las ganas de seguir con el acto sexual, pues puede sentirse demasiado relajado o, incluso, cansado o con ganas de dormir.

Por eso, para alargar la experiencia sexual es imprescindible que el hombre controle la eyaculación. Para conseguirlo no debe buscar la eyaculación como si sólo a través de ella lograse la culminación del placer, sino que, como es el final del placer, deberá retrasarla lo más posible. Es decir, el hombre tiene que pensar que controlar la eyaculación no es renunciar al placer sino prolongarlo en una medida diferente.

El control de la eyaculación no significa renunciar totalmente a eyacular. En principio, únicamente se trata de demorarla lo más posible y, si se desea, se puede terminar el acto sexual eyaculando, pero también se puede prescindir de ella durante algunos coitos, aunque no es positivo renunciar totalmente a la eyaculación salvo que el hombre esté en un camino total de trascendencia y conozca perfectamente la técnica de transmutar la sexualidad en espíritu y conciencia.

Controlarla parcialmente, es decir eyaculando cada 5, 8, 10 o 15 coitos, dependiendo de la edad, la estación del tiempo, el estado de salud o las metas propuestas, es una práctica positiva para tener mayor vigor sexual, más capacidad sexual y, también, para tener más energía física y psíquica.

Para los taoístas, el control de la eyaculación es utilizado como método curativo para multitud de dolencias, existiendo «recetas de hacer el amor varias veces al día sin eyacular» para un buen número de enfermedades, aunque sobre todo ha sido usada como método de alargar la vida y tener vitalidad hasta una edad muy avanzada. Para los tántricos, el control de la eyaculación se usa más bien como método de trascendencia y de acceder a una conciencia superior.

Al margen de una u otra creencia, lo que sí es cierto es que cuando el hombre no eyacula se levanta al día siguiente más descansado, sin ojeras, con una piel más suave y un brillo en su mirada, signo de que no ha malgastado gran parte de su energía yang con la eyaculación.

Con respecto a la pareja, la necesidad del hombre de controlar su eyaculación se refiere más bien a poder prolongar el acto sexual y lograr que su compañera tenga una serie de orgasmos muy intensos y profundos que despertarán su naturaleza mágica y una gran energía en ella que beneficiará también al hombre indirectamente.

En definitiva, controlando la eyaculación y uniendo esta práctica a la emoción, el amor, el despertar de los sentidos y la búsqueda espiritual, el hombre logra un tipo de orgasmo diferente y más poderoso, un Orgasmo Cósmico que no tiene fin sino que puede acompañarle durante días y ser removido o despertado por cualquier experiencia positiva. Además, mediante el control de la eyaculación, el hombre convierte el sexo en un auténtico arte y tanto él como su pareja se ven el uno al otro de una manera diferente al experimentar una sexualidad mágica.

TÉCNICAS SEXUALES TÁNTRICAS PARA CONTROLAR LA EYACULACIÓN

El practicante del sexo tántrico aprovecha la estructura de su cuerpo sutil para destilar su energía esencial y alcanzar la Liberación. Desde el punto de vista estrictamente sexual, las técnicas de retención del semen o control de la eyaculación permiten que los hombres experimenten nuevas dimensiones de su sexualidad y que las mujeres tengan múltiples orgasmos. Hay dos tipos de técnicas básicos: internos y externos. Las técni-

El cambio de postura entre los dos miembros de la pareja facilita la relajación y permite el control de la eyaculación por parte del hombre mediante la ayuda de su compañera y ejercicios de respiración.

cas de control de la eyaculación internas son la respiración, la concentración de la energía en los chakras superiores y dos posturas del Hatha Yoga: el Mula Bandha y el Vajroli Mudra.

En el juego sexual la mezcla de jugos y sabores forma parte del ritual, y nos hace saborear de forma íntima la entrega y la pasión.

Control de la respiración

Cuando se hace inminente el orgasmo, la respiración aumenta considerablemente. El practicante del sexo tántrico puede evitar la eyaculación controlando simplemente su respiración; es decir, desacelerándola y profundizándola mientras, al mismo tiempo, está presionando su músculo pubococcígeo o músculo PC y mirando a su compañera, que también le mira y procura adaptar su respiración a la de su pareja. Ambos amantes muy quietos, mirándose el uno al otro a través del corazón y de los ojos, y visualizando cómo fluye su energía hacia los chakras superiores, lograrán detener la eyaculación.

Concentración de la energía en los chakras superiores

Una vez sumergidos en una profunda quietud mediante el control de la respiración, ambos miembros

de la pareja deben concentrar su energía en los chakras superiores; es decir, el cuarto chakra (Anahata) o chakra del corazón y el sexto chakra (Ajña), denominado también el «tercer ojo», que está localizado en el centro de la frente, concretamente en el entrecejo, justo encima del nivel de los ojos. Normalmente, al concentrar la energía en estos chakras, el hombre pierde parte de la erección del pene o lingam, pero no

En el Tantra, debemos olvidarnos del tiempo, desconectarnos del mundo y abandonarnos a un mundo de caricias infinitas, con descansos cada vez que sintamos que la energía nos desborda.

En el Kama Sutra el sexo oral es una práctica habitual de los amantes, que no conocen los límites para explorar el cuerpo de su pareja.

debe preocuparle ya que cuando esta vuelve es mucho más fuerte. Es más, con esta práctica la pasión va en aumento y las erecciones duran más tiempo, lo cual redunda beneficiosamente en la relación sexual.

Mula Bandha

La primera técnica, Mula Bandha, que consiste en detener la eyaculación durante el orgasmo, proviene tanto del Tantra como del Taoísmo, y consiste en la contracción del perineo o pelvis, comenzando por el esfínter anal y abarcando los genitales. El Mula Bandha se considera un gran ejercicio de la práctica del Tantra, pues ayuda a despertar el primer chakra denominado Muladhara, iniciándose así el despertar de la Kundalini.

El Mula Bandha es también un método efectivo para el control de la natalidad denominado «*Coitus reservatus*». El clásico libro de *texto «Siva Samhita»* de Hatha Yoga se refiere a esta práctica como la frustración de la fusión entre el Sol y la Luna por «*sahajoli*». También,

en otras muchas posturas del Hatha Yoga, como, por ejemplo, el Siddhasana, el talón presiona en el perineo, para evitar la emisión seminal.

Para practicar el Mula Bandha hay que sentarse en posición erguida, en cualquier postura que nos resulte cómoda, colocando las palmas de las manos sobre los muslos. Después, nos concentraremos en la región anal. Para lo cual, en primer lugar tomaremos conciencia del suelo o de la silla donde estamos sentados. A continuación, presionando los glúteos, dirigiremos nuestra atención hacia el ano en sí mismo. Seguidamente, inhalaremos la mitad del aire que cabe en nuestros pulmones y sostendremos la respiración. Poco a poco, comenzaremos a contraer el ano al máximo, sin soltar la respiración, como si tratáramos de retener el paso de la orina y las heces.

Llegados a este punto, la mujer deberá extender la contracción del suelo pélvico desde el ano hasta que se produzca un tirón en los labios vaginales. Por su parte, el hombre tendrá que hacer lo mismo hasta que sienta un tirón en sus testículos. Por último, ambos relajarán la contracción pélvica totalmente, inspirando lentamente y soltando el aire suavemente.

Los beneficios del Mula Bandha no sólo abarcan el ámbito sexual, sino que esta técnica es también beneficiosa para aliviar el prurito anal, prevenir las hemorroides y estimular el sistema urogenital. Además, en la mujer reafirma los tejidos de las paredes vaginales y reduce la anorgasmia, y en cuanto al hombre reduce la incidencia de la eyaculación precoz y de la impotencia.

Vajroli Mudra

El segundo método, de origen hindú, es el Vajroli Mudra (*Vajroli* de pene y *Mudra* de gesto). Esta técnica consiste en la reclusión del *rectus abdominus* (un músculo que hay en la pared abdominal anterior y que se extiende desde la parte inferior del esternón hasta el pubis), junto con la contención de la respiración.

El Vajroli Mudra implica una fase más avanzada de la práctica del sexo tántrico y permite separar conscientemente el uso de la musculatura del ano respecto a la musculatura urogenital. Se trata de cerrar el esfínter uretral como cuando se corta la corriente de orina a la mitad de una micción.

Antes de realizar el Vajroli Mudra, conviene beber una abundante cantidad de agua y practicar la detención y emisión del flujo de orina por lo menos varias veces hasta que la vejiga esté desocupada.

Para practicar el Vajroli Mudra hay que sentarse en posición erguida, en cualquier postura que nos resulte cómoda, colocando las palmas de las manos sobre los muslos. Después, nos concentraremos en el esfínter uretral, debajo del clítoris las mujeres y en la base del pene los hombres. A continuación, contraeremos el músculo que corta la emisión de la orina y, al mismo tiempo, tiraremos hacia arriba la parte baja del abdomen, como si tratásemos de respirar a través del pene o la vagina. Después, relajando un poco la contracción, soltaremos el aire suavemente. La inhalación, retención y exhalación del aire deben hacerse en un mismo lapso de tiempo, que hay que ir aumentando gradualmente a medida que se mejora en la práctica.

Esta práctica debe hacerse diariamente y después de realizar el Mula Bandha, con diez repeticiones de cada uno al principio. Luego, cada semana se deben añadir cinco repeticiones (también de cada ejercicio) hasta alcanzar las sesenta veces por día.

El Vajroli Mudra, además de preparar la práctica del hombre para el sexo tántrico y los orgasmos sin eyaculación, se recomienda en el tratamiento de varias

El sexo anal es una práctica sexual que aparece recogida en todos los tratados más antiguos de sexualidad, y que, realizada con las debidas precauciones, permite alcanzar grandes cotas de placer.

disfunciones sexuales, como la eyaculación precoz, la impotencia o la anorgasmia. Además, estimula la sensibilidad del clítoris de la mujer, reafirma los tejidos de las paredes vaginales flojas y reduce la tendencia a la frigidez. En cuanto al hombre, estimula notablemente la capacidad de erección.

El Vajroli Mudra tiene también otros beneficios como la armonización que logra del esfínter uretral. Debido a esta armonía y a una mejor circulación sanguínea, con la consiguiente estimulación del sistema urogenital, se puede lograr, en etapas tempranas, la cura de la incontinencia urinaria.

El Vajroli Mudra también provoca el despertar del chakra Swadhisthana, que es el que controla los fluidos del cuer-

po humano, como la linfa, la bilis, la orina, el sudor, la saliva, el semen, el sangrado menstrual, la leche materna, las secreciones vaginales, y los lubricantes sexuales.

Cuando este chakra es despertado por la estimulación erótica, los capilares de las paredes vaginales y de los testículos secretan un rocío alquímico, y al mismo tiempo los capilares de los ventrículos cerebrales secretan un fluido cerebral espinal. De este modo, se iguala lo que está arriba con lo que está abajo, permitiendo el equilibrio corporal y espiritual.

Tanto el Vajroli Mudra como el Mula Bandha desarrollan en el hombre la capacidad de empuje pélvico y en la mujer la constricción del pene cuando éste se encuentra en el interior de su vagina. Por tanto, con ambas técnicas, al mejorar la sensibilidad, el placer y el control durante la unión sexual, se facilita también el encuentro del camino hacia los planos astrales inconscientes de la mente, generando un canal o puente psíquico entre Shiva y Shakti (lo masculino y lo femenino).

El Kama Sutra predica una forma libre de practicar el acto sexual, dando rienda suelta a la imaginación y la fantasía, sin ataduras ni tabúes de ningún tipo.

HONRAR EL YONI Y EL LINGAM MEDIANTE EL SEXO ORAL O AUPARISHTAKA

Una de las primeras actividades del ser humano nada más nacer es succionar el pecho de su madre para alimentarse. Pero con este gesto instintivo, el recién nacido no sólo se alimenta sino que, inconscientemente, descubre una relación placentera y tranquilizadora en el acto de chupar el pecho a su madre. De ahí que, más tarde, el niño se chupe el dedo o coma tierra.

Pero la satisfacción oral no es una mera cuestión de la infancia, ya que va a mantenerse a lo largo de la vida. Masticar chicle, fumar o comerse las uñas son, junto con el beso y el sexo oral, algunas de las prácticas más comunes que tiene el ser humano de satisfacerse oralmente.

Para el Tantra, el sexo oral es una maravillosa forma de unión de los opuestos; es decir, de lo masculino y lo femenino, que da como resultado el equilibrio y la armonía entre las fuerzas energéticas que llevamos dentro y que nos comunican con la naturaleza. Además, los antiguos textos tántricos consideran que las secreciones sexuales o *jugos del amor* suponen una fuente de nutrición espiritual, siempre que se absorban oralmente de forma respetuosa pues, así como la unión sexual genital es considerada como un acto que implica la perpetuación de la raza, por el contrario, la *fellatio* (sexo oral de mujer a hombre) y el *cunnilingus* (sexo oral de hombre a mujer) suponen la búsqueda de un «hijo mental», que puede ser desde una idea hasta un concepto, y que hace al ser humano más completo.

Además, en la práctica del sexo oral tántrico la boca y la lengua adquieren nuevas y eróticas significaciones pues, durante el cunnilingus, la lengua se convierte en el pene o lingam y, durante la fellatio, es la boca de la mujer la que se transforma en la vagina o yoni, lo que se traduce en un acto sexual más sutil pero tanto o más apasionado que la unión genital.

La postura más idónea para la práctica del sexo oral es la posición de «El Cuervo», conocida en el mundo occidental como «69». En esta postura, la mujer o Shakti y el hombre o Shiva se recuestan ambos sobre el lado derecho y, una vez tumbados, la cabeza de cada uno debe estar frente a los genitales del otro.

Partiendo de esta posición, el hombre deslizará su mano derecha por debajo de los muslos de la mujer y colocará su cabeza entre los muslos de ella. Luego, el hombre, humedeciendo con saliva sus dedos índice y pulgar derechos, sellará firmemente el ano de su compañera con el índice, al mismo tiempo que introduce su dedo pulgar en la vagina. Entonces, pondrá su boca sobre la vagina y acariciará el clítoris con su lengua.

Por su parte, la mujer introducirá en su boca el pene de su compañero, cerrando el orificio de la punta del mismo con su lengua, al mismo tiempo que presiona el ano del hombre con el dedo medio de su mano derecha y acaricia con los otros dedos el perineo y el escroto.

Aunque, tradicionalmente, en la cultura occidental la relación sexual oral ha estado rodeada de tabúes y cargada de prejuicios, pues se consideraba algo sucio y hasta perverso, para el Tantra ha sido y es todo lo contrario, pues nunca han asemejado los fluidos sexuales con las excreciones corporales o productos de desecho del cuerpo como han hecho los occidentales. Muy al contrario, para el Tantra los fluidos sexuales son beneficiosos debido a su alto contenido en nutrientes, hasta el punto de creer que las secreciones vaginales de la mujer o «*Néctar del Loto*» tienen la particularidad de poder alargar la vida del hombre si se combinan con la saliva durante el acto sexual.

A estos beneficios, además hay que añadir que, como para el Tantra es fundamental que ambos miembros de la pareja lleven a cabo una completa y exquisita hi-

El ano es una de las partes más sensibles del cuerpo humano y, por tanto, una zona erógena que estimulada adecuadamente puede proporcionar un enorme placer.

giene corporal así como bucal antes de cualquier práctica sexual, el temor a un posible contagio o, simplemente, el rechazo ante determinadas zonas del cuerpo queda totalmente descartado, pues se consideran tan puras como otras.

SEXO ANAL O ADHORATA

El ano es, según la tradición tántrica, una de las zonas más sensibles del cuerpo humano y, por tanto, una parte muy erógena y en la que, además, se produce

la pared del recto y la punta de la última vértebra de la columna vertebral, se encuentra la glándula Kundalini. Además, aunque hay otros modos de estimular y activar esta glándula, la dilatación de los esfínteres anales es una de las formas más rápidas y directas pues, según las creencias tántricas, el coito anal provoca la eyaculación en el recto, lo que alimenta la glándula Kundalini, por lo que Shiva (el hombre) sustenta su Shakti con este tipo de relación y a la vez facilita el despertar de su fuego interno.

Al igual que ocurre con el resto de las prácticas sexuales, el sexo anal requiere que haya un consentimiento mutuo previo y, por supuesto, una higiene exquisita. Cabe recordar que, aunque para los occidentales el ano no es precisamente un lugar limpio, para los hindúes no representa ningún problema, pues su higiene es sumamente rigurosa, ya que, además de lavarse los genitales y zonas erógenas con agua abundante más de una vez al día, también lo hacen antes y después del coito, así como después de cualquier actividad intestinal.

Pero el sexo anal no sólo requiere consentimiento mutuo y una extrema higiene, es imprescindible también practicarlo con especial delicadeza, ya que los movimientos rudos o violentos pueden lastimar tanto el ano de la mujer como el pene del hombre. Por eso, es conveniente que, previamente, la mujer esté suficientemente estimulada para que haya una lubricación óptima o, si es necesario, recurrir a algún tipo de lubricante.

En el sexo anal debemos tener una higiene extrema y un especial cuidado con los movimientos bruscos, pues tanto el ano de la mujer como el pene del hombre son muy delicados.

una importante concentración de la energía psíquica, pues esta zona está en contacto con el chakra basal o Muladhara, que es donde se encuentra enrollado el poder primario del sistema nervioso simbolizado por la Diosa serpiente o Kundalini.

El ano está rodeado de unos músculos denominados esfínteres, que significan nudo, y cuya raíz etimológica proviene de la palabra griega «sphinx», por lo que comparte su origen con la esfinge, criatura de origen mitológico, guardiana de misterios y enigmas. Basándose en estas creencias mitológicas, el Tantra propone que Shiva (la parte masculina del dios), mediante la apertura de los esfínteres anales de Shakti (la parte femenina del dios) resuelva el acertijo de la Esfinge.

Aparte de este significado mitológico, para el Tantra el fin último de la relación sexual anal es el despertar de la Kundalini, ya que en esa zona, concretamente entre

Las posturas tántricas
DEL AMOR

AUNQUE EN LAS ANTIGUAS PAREDES de los templos hindúes y en muchos de los textos tántricos se pueden ver
posturas y entrelazados sexuales increíblemente com-
plicados sobre todo para un occidental, hay que enten-
der que la mayoría de estas posiciones sexuales tántricas fueron creadas y realizadas por mujeres santas
tántricas formadas desde la infancia en el *arte del amor*.

Teniendo esto en cuenta, es preferible que los tántricos
occidentales de hoy día opten, entre todas estas posturas, por las menos complejas y que, poco a poco, vayan incorporando variaciones y dificultades, si así lo de-
sean, aunque las posiciones en las que hace más
hincapié el Tantra son aquellas en las que el hombre

*Las posturas clásicas tántricas sentadas facilitan los orgasmos
simultáneos.*

En las posturas por detrás, el hombre tiene más capacidad de maniobra y puede estimular mejor a la mujer.

En las posturas cara a cara el contacto visual es mayor y el hombre tiene mayor movilidad.

está sentado, sobre el suelo, una silla o la cama, y la mujer, a su vez, está colocada a horcajadas encima de él, ya que al parecer ese tipo de posturas garantizan una nueva dimensión del orgasmo. Además, en ellas es la mujer la que tiene la parte más activa, al contrario que en la sexualidad occidental, donde el hombre es quien tiene el papel más activo y la mujer es más pasiva.

Esta mayor actividad femenina se debe a que el yoni (vagina) encierra el lingam (pene) en este tipo de posturas, extrayendo de él todas las energías viriles. Además, cuenta con la ventaja adicional para la mujer de una directa y constante estimulación del clítoris, por lo que ella puede alcanzar altos niveles de estimulación. Por otro lado, las posturas clásicas tántricas (sentados) también facilitan los orgasmos simultáneos, lo que aumenta la compenetración sexual y espiritual entre la pareja.

En resumen, incluyendo la clásica posición tántrica del hombre y la mujer sentados, podemos catalogar cinco posturas sexuales tántricas básicas:

1. Sentados, ella encima de él o a la inversa, cara a cara o dándose la espalda.

2. Por detrás, con la mujer dándole la espalda al hombre.

3. De costado, con la mujer y el hombre puestos de lado.

4. De pie, con la mujer y el hombre de pie apoyándose sobre una superficie como, por ejemplo, una pared o una silla.

5. Cara a cara, con el hombre tumbado encima de la mujer, que previamente se ha tumbado sobre su espalda, con las piernas estiradas, dobladas sobre su estómago o levantadas hacia arriba. O bien, a la inversa, con la mujer tumbada encima del hombre, que antes se ha tumbado sobre su espalda, con las piernas abiertas y estiradas.

Las posturas con el hombre apoyado sobre una silla y la mujer encima de él son una original variante de las posturas de pie.

POSTURAS TÁNTRICAS SENTADOS

▲ *POSTURA YUB YAM (PADRE-MADRE)*

Sentado el hombre en posición de medio loto (con la piernas medio cruzadas), la mujer se coloca encima de su regazo y, después de introducir el pene en la vagina, rodea la cintura de él con sus piernas. Luego, ambos se abrazan, se miran y besan mientras realizan el coito.

▲ *POSTURA DE «LA YEGUA»*

La mujer, sentada a horcajadas sobre su pareja y dándole la espalda, retiene con fuerza el lingam (pene) en su yoni (vagina) y, tensando y distensando sus músculos vaginales, aprieta el pene con diversos grados de intensidad. En esta variante la mujer junta las piernas,

◀ *PURUSHAYATA O POSTURA DEL LOTO*

El hombre se sienta en la posición de loto (con las piernas cruzadas) y, a continuación, la mujer se coloca sobre su regazo, mostrándole el rostro. Después, acopla en el interior de su vagina el pene de su compañero. A continuación, ambos se abrazan y comienzan rítmicamente el coito.

POSTURA DE «EL MONO» ▶

Sentados uno frente a otro, el hombre levanta las piernas de su compañera y las coloca por encima de sus brazos a la altura del codo. En esta posición, inicia la penetración y, cuando consigue la profundidad adecuada, mueve a la mujer hacia delante y hacia atrás, agarrándola la cintura con sus manos.

▲ POSTURA DEL COLUMPIO

En esta variante de la posición de «La Yegua», el hombre, tumbado boca arriba y con la espalda levemente arqueada, introduce el pene en la vagina de la mujer, que está sentada a horcajadas encima de él, dándole la espalda. Una vez alcanzada la penetración deseada, la mujer se columpia hacia delante y hacia atrás, apretando al mismo tiempo los músculos de la vagina.

▲ POSTURA DE «LA PIRÁMIDE»

El hombre, una vez sentado, coloca a su compañera a horcajadas sobre sus muslos y dándole la espalda y, a partir de esta posición, inicia la penetración, con movimientos hacia delante y hacia atrás, y arriba y abajo. Desde la posición de sentado el hombre puede reclinar su cuerpo sobre una almohada.

LA «GRAN POSTURA DE LA DIOSA KALI»

Después de tumbarse el hombre sobre su espalda, la mujer se sitúa en cuclillas sobre los muslos de su compañero e introduciendo el pene en su vagina cierra las piernas con fuerza. A continuación, inicia un rítmico movimiento de vaivén hasta alcanzar el clímax.

POSTURA «LA TRAMPA DE LA SERPIENTE»

Sentados, de entrada, la mujer y el hombre con las piernas abiertas y estiradas uno frente a otro, ella se sienta a horcajadas sobre él, cara a cara, y ambos se sujetan los pies mutuamente, lo que les permite, una vez iniciada la penetración, balancearse hacia delante y hacia atrás.

POSTURA DE «LAS PINZAS» ▶

El hombre se tumba sobre su espalda, con las piernas estiradas o ligeramente dobladas, mientras que la mujer, con las rodillas dobladas, se coloca a horcajadas encima de él, al tiempo que se introduce ella misma el lingam (pene) en su yoni (vagina), oprimiéndolo y reteniéndolo durante largo tiempo.

▼ POSTURA DE «LA IGUALDAD»

Estando ambos amantes sentados uno frente a otro, la mujer se sienta a horcajadas encima de su compañero, dándole el rostro, mientras estira las piernas a ambos costados de él, al tiempo que apoya las manos detrás de su espalda.

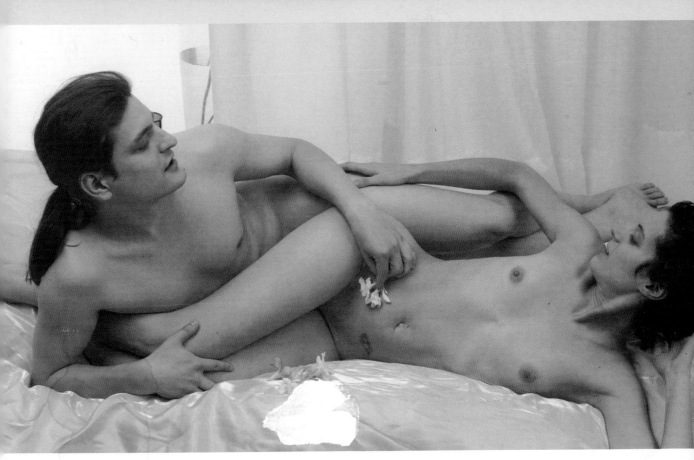

POSTURAS TÁNTRICAS DE COST[...]

POSTURA DE «LAS CUCHARAS»

Una vez que ambos [...] [...]ella
delante y él detrás, y [...]
cucharas pegadas, e [...]
ritual del coito.

[...]
[...] de la postura clásica c[...]
con la [...]rca, la mujer pone que [...]
«[...]» [...] [...]ella penetra.

[...]e la posición e[...] [...]tes están
tum[...] [...]nte al
[...]ujer y la
peri[...] [...] [...] la coloca
por encim[...] [...] [...]pierna debajo
[...]su pareja.

[...]con [...]
[...]u penetre. Des[...] [...]iar
[...] penetracion, el nombre levanta una pierna y la pone encima
del muslo de ella.

POSTURAS TÁNTRICAS CARA A CARA

▼ *Postura de «La Danza de Shakti sobre Shiva»*
La mujer está tumbada sobre su espalda y con las piernas ligeramente dobladas y separadas, y el hombre encima de ella, entre sus piernas. Cuando la postura es a la inversa; es decir, el hombre sobre la mujer, esta posición se denomina «La Danza de Shiva sobre Shakti».

Postura de «La esposa de Indra»
La mujer, tumbada sobre la espalda, desplaza los muslos encogidos hacia los lados, y el hombre, colocándose de rodillas, la penetra.

▼ *Postura «El Puente del Deseo»*
La mujer, tumbada boca arriba, echa ligeramente la cabeza hacia atrás y arquea suavemente la espalda, levantando el cuerpo lo más posible, hasta que consigue tocar el cuerpo de su compañero (que está encima de ella), abriendo al mismo tiempo muy bien las piernas.

Postura de «El Dragón»
Aunque se trata más bien de un abrazo que de una postura sexual en sí misma, la posición de «El Dragón» (la mujer tumbada boca arriba y con las piernas estiradas, y el hombre encima de ella, también con las piernas estiradas), variante de la clásica postura occidental del misionero, es especialmente gratificante, pues crea un sentimiento de intimidad y amor, durante el coito, muy especial.

Postura de «El Lazo del Amor»
Partiendo de la postura de «El Dragón», en la «El Lazo del Amor», la mujer coloca una pierna [...] de su amante y lo atrae hacia ella con f[...] tiempo que rodea su cuello con sus brazos, apretándole suave pero intensamente la nuca y besándole con pasión.

▼ *Postura de «El abrazo del cangrejo»*
La mujer, estando tumbada sobre su espal[...] posible las rodillas y apoya los muslos so[...] continuación, el hombre, colocado de [...] sus nalgas, inicia la penetración.

POSTURAS TÁNTRICAS [...]

Postura de «La [...]»
Ambos amantes están colocados de pie, uno frente al otro, pero uno de ell[...] [...]nte el hombre, está apoyado

sobre una pared, aunque también puede mantenerse, sin necesidad de apoyo, sobre sí mismo, durante unos instantes, mientras la mujer descarga amorosamente su peso sobre él, al tiempo que le besa y abraza.

▲ POSTURA DE «EL GRAN SALTO» O «LA UNIÓN SEXUAL SUSPENDIDA»

Apoyándose el hombre sobre la pared o sosteniéndose tan sólo sobre sus pies, la mujer se coloca delante de él, cara a cara, y rodeándole el cuello con sus brazos, le abraza apasionadamente. Después, el hombre la levanta y, sujetándola por los muslos o enlazando las manos bajo sus nalgas, la penetra. A continuación, la mujer rodea la cintura de su pareja con sus muslos. Por último, el hombre puede sostener a su pareja por las nalgas y hacer, al mismo tiempo, un movimiento de vaivén.

POSTURA DE «LA DIOSA SOSTENIDA» O ▶
«AL NIVEL DE LOS PIES»

La mujer, tumbada sobre su espalda, levanta las piernas rectas por encima de los hombros de su compañero y las coloca sobre sus hombros en torno a su cuello. El hombre, arrodillado delante de ella, la agarra por las caderas y la penetra, mientras la mujer oprime su lingam (pene) juntando sus muslos.

▲ POSTURA DE «LA ENREDADERA»

Partiendo de la posición de «La Pértiga», la mujer levanta una de sus piernas y se enrolla al tronco del hombre como si ella fuese una enredadera.